JN410664

바닥짐

바닥짐

서문희 수필집

세종출판사

| 작가의 말

늘 그랬다.

내 글이 실린 문학지가 날아들면

차마 책을 펴지 못했다.

동경과 현실의 간극에서 오는 자괴감으로.

하물며 하나둘도 아닌 한 뭉치를 묶었으니

나는 이제 두 귀를 막고 살아야겠다.

옹색한 자기변명으로 투덕투덕 덮으며

그럼에도 나를 지탱해 줄

바닥짐 하나 등에 진다.

2023년 11월. 당신께 남긴다.

서문희

차 례

제1부
바닥짐이 삶의 무게를 지탱하고

제2부
파도에 부딪고 굴러 몽돌이 되듯

제3부
봄이 전하는 굳건한 약속을 믿기에

제4부
그리움이 가을 억새풀처럼 서걱거리고

제1부

바닥짐이
삶의 무게를 지탱하고

20분 동안에

바람이 분다. 곧 불그스름해질 서쪽 하늘에서 이름도 어여쁜 하늬바람이 불어온다. 나는 길 잃은 사람처럼 사상역 근처 오거리에서 서성이고 있다. 오후 6시 약속인데 20분이나 일찍 도착했기 때문이다. 어중간한 잉여 시간을 어떻게 보내야 할까. 카페에 들어가 차 한 잔 마시기엔 짧은 시간이고, 노상에 장승처럼 우두커니 서 있기에는 무척 지루한 시간이다. 약속 장소가 오거리 K약국 앞이니 주변을 배회하며 기다릴 수밖에 없다.

어딘가 적당한 장소를 물색해야 한다. 나는 여기저기를 둘러보느라 두리번거리고, 오월 초순 하늬바람이 제법 성깔 있게 내 머리칼을 헤집어 댄다. 바람을 피해 상가 쪽으로 붙어 서 있자니 남의 가게 앞을 가리게 되고, 인도로 나가 있자니 오가는 사람들 보행을 방해하기 십상이다. 약국 바로 옆에 마음에 쏙 드는 장소를 발견했다. 계단이 많은 건물이다. 계단을 열 칸 남짓 올라갔다. 건물은 양옆으로 벽이 튀어나와 있어 아늑하게 바람막이가 되어 준다.

20분 동안 안식할 곳을 찾은 나는 마치 망루에서 아래를 내려다보듯 거리를 내려다본다. 건물 앞 횡단보도를 건너는 사람들이 한눈에 보인다. 내가 서 있는 곳은 지하철역에 잇대어 시외버스 터미널, 대형 쇼핑센터, 영화관이 모여 있어 유동인구가 물밀듯이 흐른다. 2,3분 간격으로 횡단보도를 건너는 인파가 밀려왔다 밀려간다. 나는 마치 르포를 취재하듯 그들을 자세히 바라본다.

사람들은 삶을 위해, 만나기 위해, 먹기 위해, 놀기 위해, 갖가지 이유로 횡단보도를 건넌다. 이쪽에 없는 것을 찾아 저쪽으로, 저쪽에 없는 것을 찾아 이쪽으로 건너는 것이다. 몸뿐만 아니라 마음도 횡단보도를 건널 때가 있다. 아니 헤아릴 수 없이 많다. 사랑에서 이별로, 이별에서 미움으로, 미움에서 그리움으로 혹은 화해로, 이쪽과 저쪽을 건너오고 건너간다.

횡단보도는 건너편으로 가는 가장 빠른 길이다. 대신 제한된 시간 안에 건너야 한다. 그런데 저녁노을이 깔리기 시작하는 하늘을 바라보며 사람들은 비교적 차분하게 길을 건너고 있다. 지금은 퇴근 시간이다. 아침 출근길과 저녁 퇴근길의 횡단보도 풍경이 사뭇 다르다는 걸 새삼 의식한다.

출근할 때 횡단보도를 건너는 사람들의 움직임은 알레그로 템포다. 얼마나 바쁘고 급하던가. 딴 데 곁눈을 팔 여지가 없다. 녹색 신호등이 깜빡이기 시작하면 여기저기서 필사적으로 뛰는 사람들, 이번에 건너가지 못하면 영영 돌아오지 못할 레테의 강으로 변해 버리기라도 하는 것처럼 절박하다. 기껏해야 점등 주기는 2,3분인데, 출근길엔 그조차 기다리기에 아득한 까닭이다. 그래서 조급한 사람은 불빛을 향해 달려드는 불나방처럼 빨갛게 켜진 신호등을 정면으로 받아치며 과감하게 질주한다.

지금처럼 퇴근 시간 횡단보도는 출근 때와 달리 자유롭고 여유가 있는 안단테 템포다. 출근할 때 잔뜩 긴장되었던 어깨는 편안하게 풀어져 있고, 바짝 움켜잡았던 가방은 느슨하게 늘어져 있다.

그러나 저들의 자유로움은 한시적인 것, 잠깐의 자유에 불과하다는 안타까움이 스친다. 밤이 지나가고 내일 아침을 맞으면 다시 부랴부랴 생업의 현장으로 나가야 하기 때문이다. 그럼에도 아직 삶의 파고를 겪어보지 못한 젊은이들은 오월의 저녁을 마음껏 향유하려는 듯 들떠 있는 표정이다. 그들의 발걸음은 가볍고 발랄하다. 한편 삶의 파고를 어느 정도 헤쳐 온 중년들의 발걸음은 조금 지쳐 있고 무겁다. 가만히 보고 있자니 걸음의 무게가 저마다 다르다. 어린 사람보다는 어른이, 이십 대보다는 사십 대, 사십 대보다는 육십 대의 걸음이 더 무거워 보인다. 걸음새는 삶의 무게를 표시하는 저울이라는 것을 다시 한 번 생각하게 한다.

문득 이범선 단편소설 「오발탄」의 주인공이 떠오른다. 주인공 송철호가 까무룩 의식을 잃어 가는 순간에 절규하듯 토해 내는 독백이 머릿속에 맴돈다.

"아들 구실, 남편 구실, 애비 구실, 형 구실, 오빠 구실, 또 계리사 사무실 서기 구실, 해야 할 구실이 너무 많구나. 너무 많구나. 그래 난 네 말대로 아마도 조물주의 오발탄인지도 모른다. 정말 갈 곳을 알 수가 없다. 그런데 지금 나는 어디건 가긴 가야 한다."

지금 저 횡단보도 위의 누군가는, 아니 저들 모두 송철호인지도 모른다. 경제적 궁핍과 세상의 부조리가 뒤섞인 암담한 현실과 싸우면서도, 너무나 많은 구실을 떠맡고 있으면서도, 양심을 고수하며 성실하게 살아가려고 몸부림치며 제한된 시간에 삶의 횡단보도를 건너야 하는 송철호들, 지금 수많은 송철호가 저마다 존재의 이유를 자문하며 횡단보도를 건너고 있는 것이다.

나 또한 살아가는 이유가 무엇인지 자문해 본다. 무어라 답할 수 있을까. 분명한 것 같지만 막연하고 모호하다. 다만 내게도 많은 구실을 요하는 바닥짐이 삶의 무게를 지탱하고 있는 것만은 사실이다. 선뜻 답이 나오지 않아 우물거리는데, 마치 그런 나를 구원해 주듯이 휴대전화 벨이 울린다. 드디어 20분이 흘러갔나 보다.

전화를 받으며 후다닥 계단을 내려간다. 계단을 벗어나 대로를 마주하는 순간, 휙 바람 한 줄기 가슴팍을 치고 지나간다. K약국 앞에 내 벗 P가 산뜻한 연두색 스카프를 나풀거리며 서 있다. 그녀는 정시에 도착했을까. 나처럼 어딘가에서 잉여 시간을 즐겼을까. 친구가 환하게 웃으며 나를 이끈다. 친구와 나도 길 건너편으로 가기 위해 신호등 앞에 섰다. 맛있는 저녁을 먹기 위해 우리도 횡단보도를 건너야 한다.

산안개처럼

꼭두새벽 빗소리에 잠이 깼다. 이완된 몸을 뒤치며 혼곤히 누워 있다. 눈은 감고 있는데 귀는 점점 예민해진다. 창밖에는 빗소리뿐 사방이 고적하다.

지난밤 모깃불을 피워 놓고 마당가에 앉아 밤하늘을 올려다보았을 때, 별이 보이지 않았다. 희끄무레한 달무리만 엷게 흩어져 있었다. 큰비가 밀려오고 있었던 게다. 수도권엔 그제부터 이틀 동안 기록적인 폭우가 쏟아졌고, 잠시 숨고르기를 하고 있는 정체 전선이 충청권으로 남하한다는 예보가 있었다. 이젠 끝물이려니 여기면 또 불쑥 밀어닥친다. 올여름 장마는 끈질긴 근성이 있다.

괴산은 어제 종일 흐렸다. 약간은 가벼워진 호흡으로 흐린 날을 즐기며 문광저수지와 산막이옛길을 산책했다. 문광저수지는 둘레에 은행나무 길이 뻗어 있어 풍광이 근사하다. 수림이 짙푸른 여름에 와도 좋고, 가을날 농익은 볕살 아래 은행나무 길을 걸으면 감정이 더욱 충일해지리라. 산막이옛길은 충북 괴산 사오랑 마을에서 산막이 마을까지 이어지는 십 리 옛길을 복원한 산책로다. 괴산호를 끼고 숲길, 호수 길을 따라 걷다 보면 자연 속에 동화되어 마음이 평온해진다. 번다한 상념은 사라지고 머릿속이 정제되는 듯하다.

산자락에 자리한 펜션을 예약하며 밤엔 함초롬한 뭇별들을 마주할 수 있으리라 기대했다. 예전 시골집 들마루에서 바라보던 충만한 밤하늘, 신비로운 별 무리가 지상으로 쏟아질 것 같아 숨을 멈칫했던 그 순간이 재현되길 바랐다. 아쉽게도 기대는 엇나가 버렸다. 하지만 바람이 간절했던 까닭인지, 목가적인 분위기 때문인지, 깜깜한 하늘인데도 별들이 총총히 떠 있는 듯한 착각이 들었다.

감성은 섬세하고 도타워졌다. 순순하고 담박해져 화선지에 먹물이 스며들듯 밤의 검푸른 산색에 물드는 듯싶었다. 알퐁스 도데의 단편 '별'을 떠올렸다. 주인집 딸 스테파네트 아가씨를 짝사랑했던 목동의 순박한 정서와 순정에 매료되어 몽상의 늪에 빠졌던 사춘기, 그때의 나로 돌아가 보았다. 산골짜기 밤하늘엔 가냘픈 별 하나 보이지 않았지만, 목동이 바라보던 그 밤하늘처럼 촉촉하고 따뜻했다.

자정 넘어 잠자리에 들었다. 쾌적하고 아늑한 방, 나무 침대에 몸을 뉘었다. 쉬이 잠이 오지 않았다. 새벽 빗소리 알람이 나를 깨웠다. 겨우 네다섯 시간 눈을 붙였지만 개운하다. 사방 녹음 우거진 산중, 청신한 공기를 몸은 단박 알아차리는가 보다. 눈을 감고 부드러워졌다 격렬해지는 빗소리를 음미한다. 쇼팽의 빗방울 전주곡이 제아무리

아름답다 한들 산속 빗소리 선율에 비할까. 창밖에는 무성한 수풀이 물빛을 머금어 한층 싱그럽고 생기 있어 보이겠지….

우산을 받치고 마당에 섰다. 멀리 산허리에 걸친 안개구름이 고요히 피어오르고 있다. 산마루는 지워졌고, 마당 옆으로는 골짜기에서 내려오는 개울이 흐른다. 어제는 맑은 물이 돌돌 구르고 있었는데 밤새 물이 불어 누런 황토물이 요동치며 흘러간다. 가만히 내려다보고 있으니 물멍 상태에 빠져든다.

굽이치는 물줄기가 어릴 적 고향 냇가에 가닿는다. 여름이면 매일같이 냇가에 가서 살았다. 그때는 냇가의 역할이 다양했다. 놀이터이자 빨래터였고 몸을 씻는 곳이었다. 친구들과 납작한 돌을 주워 와 방을 만들고 소꿉놀이를 했다. 모래로 밥을 짓고 풀을 뜯어 찬을 만들었다. 햇볕에 등가죽이 따가워지면 냇물로 뛰어들어 풋사과를 던지며 멱을 감았다. 언니, 동생과도 속살대며 머리를 감고 빨랫돌에 조물조물 옷가지를 빨곤 했다. 투명한 물속에 아롱거리는 내 열 살 즈음의 얼굴.

폭우로 냇물이 범람하면 물 구경을 나갔다. 어느 때는 보가 터지고 다리가 넘치기도 했다. 맑게 남실대던 냇물이 거대한 수마로 변해 집어삼킬 듯 밀려오는 광경은 공포영화처럼 무시무시했다. 어머니는 혀를 차며 넋두리 같은 혼잣말을 했다.

"아이고, 물이 벌창을 하고 내려오네."

허우적거리며 떠내려오던 소, 돼지와 부서진 농짝, 세간살이들, 불어난 물이 위쪽 산간 마을을 휩쓸고 내려오던 거였다. 동네 사람들은 농가의 재산 1호인 가축을 건져 내지 못해 발을 구르며 탄식했다. 온몸에 전율이 일었다. 어른들은 애통해했지만 어린 나에겐 무섭고 흥미로운 구경거리였다.

우리 동네도 홍수에 침수된 적이 있었다. 고등학교 2학년 때던가. 수업 중인데 담임 선생님이 종례를 하러 오셨다. 수업을 중단하고 하교하라는 지시와 몇몇 동네는 도로와 철길이 유실되어 교통편이 끊겼으니 귀가할 수 없다는 전갈이었다. 가족과 집이 안전한지 걱정되었고, 당장 어디서 자야 할지 당황스럽고 난감했다. 나는 학교 근처에서 자취하는 친구에게 하룻밤 신세를 졌다. 밤새 벼룩에 물려 긁느라 잠을 설쳤지만 노숙을 면하게 해 준 친절이 고마울 따름이었다.

이튿날 비가 그치고 길도 뚫려 수업을 마치고 집으로 가는 버스를 탔다. 동네에 다다랐을 때 눈앞에 펼쳐진 광경에 입을 다물지 못했다. 우리 집과 이웃집 몇 채가 물에 반쯤 잠겨 있었다. 내가 지난밤 벼룩에 사정없이 뜯겼듯이 우리 집은 홍수에 만신창이가 되어 버렸다. 웬만한 세간은 다 떠내려가고 흙탕물이 들어찬 집에서 동네 아저씨들이 장롱을 들어내고 있었다. 어머니의 한숨 소리에 지붕마저 내려앉을 것 같았다. 몇 날 며칠, 흙탕물과 한숨 소리를 퍼내야 했다.

충청도 괴산 산골에서 조우한 머나먼 과거로의 회귀가 반갑다. 이젠 목동도 늙어 버렸을 테고, 목동이 알려주던 오리온, 시리우스, 북두칠성 같은 수많은 별자리도 찾을

길이 없다. 유년의 냇물은 급류를 타고 가뭇없이 흘러가 버렸다. 정겨운 모든 것은 향내만 남기고 떠나갔다. 해마다 장마가 들이닥치면 기억 속에 어른거리는 풍경이 그리워 세월의 빗장을 연다.

삶도 인연도 장마처럼 지나간다. 때론 지루하고 때론 순식간이다. 다시 돌아오지도 되돌아갈 수도 없는 한 줄기 별똥별같이 흐른 나날들. 저기 걷혀 가는 산안개처럼 점점이 사위어 갈 지난날의 단편들. 끝내 머무를 수 있는 것은 아무도, 아무것도 없으리라.

수라도

강 쪽 비탈길을 내려갔다. 백여 년 전, 소설 속 동네 사람들이 걸었던 길이다. 김정한의 중편소설 「수라도」는 양산시 물금, 원동 일대를 배경으로 전개된다. 소설에 나오는 미륵당은 용화사를 가리킨다.

오봉산 끝자락에 위치한 용화사를 찾아가는 중이다. 물금에서 원동으로 넘어가는 국도를 따라가다 좁다란 갈림길로 접어들었다. 길머리 이정표에 500미터를 내려가면 용화사 입구라고 적혀 있다. 절은 대개 산속으로 들어가야 만나는데 낮은 강가에 터를 잡고 있다니 생경하고 유다른 느낌이 든다. 순탄한 통행을 허락하지 않으려는 듯, 풀어진 마음부터 여미라는 듯, 자동차 한 대 겨우 다닐 만큼 좁은 포장길은 꽤나 경사가 심하다.

바람결에 강물 비린내가 설핏 묻어나는 산길 끄트머리에서 용화사 이름을 새긴 바위가 반긴다. 마당에 들어서면 단출하고 소박한 절 풍경이 눈에 들어온다. 대웅전, 산신각, 요사채가 전부이다. 절이라기보다 절집이라 부르면 더 어울리지 싶다. 정면에 낙동강을 바라보고 있는 법당은 대웅전이라는 현판에 비해 규모가 작고 아담하다. 마당 오른편으로 열두어 개 돌계단을 올라가면 자그만 산신각이 문을 열어 둔 채 역시 강을 향해 자리하고 있다.

돌계단 옆으로는 이곳이 문학 현장임을 나타내는 안내판과 기념비를 세워 놓아 눈길을 잡는다. 안내판에는 소설에 등장하는 지명과 마을 지도가 그려져 있고, 작품 속의 공간이 실제 공간과 거의 완벽하게 일치한다는 설명이

덧붙어 있다. 대리석으로 된 기념비에는 작품 소개와 작품이 지닌 의의가 오목새김으로 적혀 있다.

소설 「수라도」(1969)는 일제강점기에서 해방 직후까지, 양반 가문인 허 진사댁의 변모 과정과 시대적 고난을 헤쳐 나가는 중심인물 가야부인의 생애를 담았다. 민족의 수난과 항일 운동, 유교와 불교의 대립과 융화, 가부장 제도에서의 여성의 권리, 신분을 초월하는 인간애와 포용 등의 내용을 다룬 김정한의 대표작이라 할 수 있다.

요산 김정한(1908-1996)은 부산 작가로, 부산 금정구 남산동(구. 동래군 남산리) 생가에 그의 문학정신과 민족정신을 기리기 위해 설립한 요산문학관과 요산문학로가 조성되어 있다. 역사와 현실 비판 정신이 뚜렷한 그는 농민문학에 관심을 기울여, 일제강점기 횡포와 수탈에 시달리는 농민의 피폐한 삶과 극복의 의지를 소설화했다. 「수라도」에서도 일제에 강제 공출뿐 아니라 강제 징용과 강제 동원된 위안부 등 가족을 빼앗기는 참담한 이야기가 그려진다. 한 대목을 옮겨 본다.

오봉산 발치 열두 부락의 가난한 집 처녀 총각과 젊은 사내들은 이마를 히노마루(일본 국기)에 동여매인 채, 울고불고하는 가족들의 손에서 떨어져, 태고 나루에서 짐덩이처럼 떼를 지어 짐배에 실렸다. (물금까지 나가면 기차 편도 있었지만 차는 위데에서 오는 그러한 사람들로 항상 만원이었다.) 손자녀를, 자식을, 남편을, 딸을 그렇게 빼앗긴 할머니, 어머니, 아버지, 아내 들은 태고 나루에서 눈물을 짓다 가까운 미륵당을 찾기가 일쑤였다.

너른 마당 한가운데는 푸르스름한 이끼가 낀 벚나무 한 그루가 서 있다. 도타운 가을볕을 쬐며 잠깐 오수에 빠진 듯 무심하건만 대웅전에서 흘러나오는 염불 소리는 마당 가득 여울진다. 마당 끝, 시야를 꽉 막은 콘크리트 방호벽이 마치 베를린 장벽처럼 버티고 있다. 바로 몇십 미터 앞에 낙동강이 펼쳐져 있는데 왜 전경을 가렸는지 의문을 품는 순간 응답하듯 요란한 굉음이 울려온다. 달려온 기차가 방호벽 너머에서 천지를 진동하며 지나간다. 절 마당 앞에 떡하니 가로놓인 철로라니 놀랍고 황당할 따름이다.

기차 굉음은 십여 분마다 몰아쳐 절집의 정적을 무참히 부수어 버리고 사라진다. 엄청난 굉음을 누르고 해탈한 듯 대웅전에서 흘러나오는 염불 소리는 청청하다.

"스님 염불하는데 기차 소리가 훼방을 놓네요."

안타까워서 한마디 하자 일행 중 누군가 말을 받는다.

"스님 염불하면서 졸까 봐 기차가 수시로 잠을 깨우고 가네."

듣고 있던 다른 일행이 슬며시 웃으며 낮은말로 알려준다.

"실시간 염불이 아니고 녹음기 틀어둔 거지요"

불자가 아니라 실정을 잘 모르는 나는 사실이 궁금해졌다. 문이 열린 대웅전으로 가 슬쩍 들여다보니 정말로 아무도 없다. 염불 소리만 오디오 스피커를 통해 무한 재생되고 있었던 게다.

법당 안에는 보물 491호로 지정된 석조여래좌상이 봉안되어 있다. 연화좌 위에 앉은 부처님, 몸 뒤편을 감싼 광배에는 연꽃, 불꽃, 구름, 부처와 비천상 등이 정교하고 은은

하게 돋을새김되어 있다. 여느 불상의 온화한 표정과는 사뭇 다른 강렬한 눈빛이 인상적이다. 희고 선명한 눈자위, 힘이 느껴지는 눈동자, 가늘고 긴 눈매가 서늘하다. 마주친 순간 죄지은 사람처럼 몸이 움찔해진다. 벗어날 수 없는 세속의 소음을 극복하고 초월하다 보니 위엄이 서린 표정을 지니게 되었을까.

수라도修羅道는 항상 싸움이 그치지 않는 세계를 일컫는 말로, 소설에서는 일제강점기와 광복 이후의 혼란기를 의미한다. 지척에 경부선 철로가 놓이고 방호벽이 설치되면서 고요한 강 풍경과도 단절된 이곳, 기차 굉음과 염불 소리가 끊임없이 부딪치고 섞이는 이곳 용화사가 어쩌면 속편 「수라도」라는 생각이 든다. 예로부터 지금까지 싸움으로 점철된 인간세계가 수라도 아니면 무엇이겠는가.

중동지역에서는 또 전쟁이 터졌다. 이스라엘과 하마스(팔레스타인 무장정파)의 무력 충돌로 양쪽 민간인이 대량 학살당하고 있다. 사막의 나라까지 수라도, 수라장修羅場이 되어 버린 세상, 평화로운 공존과 공생은 영영 요원한 일인지 참으로 비감스럽다.

구붓이 합장하는 벚나무 우듬지에 불그레한 가을이 걸려 있다. 용화사를 나와 어두침침한 굴다리를 지났다. 경부선 철로를 이고 있는 굴다리를 벗어나면 소설 속에서 '황산 베리끝'이라 불린 황산강 베랑길이 나온다. 황산강은 낙동강의 옛 이름이고, 베랑길은 벼랑길의 방언이다. 베랑길을 따라 펼쳐진 강이 넉넉하고 유장하다. 강에서 불어오는 바람을 만져 본다. 미륵당(용화사)을 오갔던 가야부인의 의연하고 대찬 기운이 느껴지는 듯하다. 그래, 아득한 그때의 바람일지도 모르지.

전우애

예전에는 텔레비전을 바보상자라고 비하했다. 화면에 이끌려 멍하니 보는 것으로 끝나는 휘발성 때문일 것이다. 이제는 확실히 오명을 벗었다. 간혹 사회적 논란거리를 만들기도 하지만 많은 채널과 다양한 장르를 통해 지식과 상식을 넓혀 주고 있다. 감동과 공감, 웃음과 재미를 안겨 주는 알라딘의 요술 램프가 되면서 온 가족이 편안하게 시청할 수 있는 미디어는 역시 텔레비전이라는 칭찬을 듣는다. 코로나 팬데믹으로 사람과의 교유가 끊겼던 시기, 이색적인 프로그램은 우울과 무력감에 빠져 있던 국민을 위로하고 치유해 주었다.

요즘 내가 애청하는 프로그램은 '강철부대'이다. 특수부대 출신 예비역들이 팀을 이뤄 각 부대의 명예를 걸고 대결하는 밀리터리 서바이벌이다. 인기에 힘입어 벌써 시즌3로 성가를 누린다. 건장한 사나이들이 근육질 몸을 뽐내며 힘과 지략으로 여러 미션을 수행하는 과정이 펼쳐진다. 서로 견제하고 기선을 잡으려는 강렬한 눈빛이 비장하다. 저마다 부대의 핵심 가치와 자부심을 내세우면서 최강 부대로 등극하기 위해 사력을 다한다. 긴장감과 박진감에 심취하게 되고, 땀을 비 오듯 쏟으며 엎치락뒤치락 거칠고 스펙터클한 대결에 매료되어 버린다.

강철부대는 내가 타고나지 못한 것, 가지지 못한 것, 경험하지 못한 것을 동경하게 만든다. 말하자면 성별, 연령, 체격, 체력, 군대 등의 조건을 겸비한 대원들이 젊음과 남성성에 대한 선망을 극대화시켜 준다. 어쩌면 나의 무의식 속에 잠재해 있던 남성적 자아, 아니무스animus가 발현되어 우월한 전투력에 더욱 끌리는지도 모르겠다.

화요일 밤이 기다려진다. 나뿐만 아니라 딸, 아들도 강철부대를 애청한다. 남자들에게 군대 이야기는 세대를 아우르는 소통의 주제이니 아들도 관심도가 높다. 남자가 봐도 그들의 멋진 자태와 활약을 인정하지 않을 수 없을 게다. 각각 떨어져 사는 우리 가족은 휴대폰 가족 대화방에서 실시간 시청 소감을 나누며 현장감을 공유한다. 회차를 더할수록 마음이 가는 부대, 호감 가는 대원을 응원한다. 물론 좋아하는 대상은 각자 다르고 관전 포인트에서도 서로 미묘한 차이가 있다. 어쨌든 가족이 대동단결되는 시간이건만 남편은 제대로 보지도 않을 뿐더러 아무런 감응도 없다. 뱃살을 뱃심인 양 두둑하게 장착하고 있는 그의 심리를 알 만하다.

대부분의 예능 프로그램은 재미에만 초점을 맞추지 않고 감동과 긍정 에너지를 전파한다. 대한민국을 트로트 열풍에 빠지게 했던 음악 경연 프로그램 '미스터트롯'이나,

각종 스포츠 일인자들이 모여 축구 대결을 펼치며 새로운 도전과 값진 승리를 이뤄 내는 '뭉쳐야 찬다' 등이 이러한 공통점을 가졌다. '강철부대' 역시 패배는 있어도 포기는 없다는 강한 정신력과 체력으로, 안 되면 되게 하라는 불굴의 의지로, 승부가 판가름 난 상황에서도 끝까지 미션을 완수하는 것을 보며 느끼는 점이 많다. 감동은 이긴 자에게만 있는 것이 아니다. 승부에서 이기지 못하더라도 전우애, 동지애로 똘똘 뭉쳐 투혼을 불사른 그들에게서 진한 여운과 감동을 받게 된다.

전우라는 말은 얼마나 가슴 뜨겁고 끈끈한 말인가. 실제 전쟁터에서 함께 싸운 것은 아닐지라도 분단국인 우리나라 군대에서 생사고락을 같이한다면 다름 아닌 전우다. 훈련과 작전을 함께 수행하며 전우애가 다져지는 것이다.

강철부대를 시청하고 있는 우리 가족도 하나의 부대라고 할 수 있다. 대원 4명으로 이루어진 우리 부대는, 평등하지만 상하가 있다. 자유롭지만 질서가 있다. 일반 부대와의 차이점은 복무 기간이 아주 길다는 것이다. 그야말로 종군, 종신 체제로서 평생 가정을 수호하고 외부로부터의 공격을 방어한다.

남편은 부대장 격이다. 부대를 전체적으로 총괄하면서 부대원들을 통솔해 나간다. 부대장은 책임감이 강하고 성실하며, 과묵한 편이지만 권위적이지 않다. 평생 부대원들의 든든한 버팀목이다.

나는 부대의 살림살이를 꾸리는 주임원사를 맡고 있다. 부대장과 부대원들의 병영 생활에 불편함이 없도록 생활관과 식사 관리에 정성을 쏟는다. 그들이 각자의 보직에 따라 일과를 마치고 병영으로 돌아오면 편히 휴식할 수 있도록 세심하게 살핀다. 부대장이 엄연히 지휘관이지만 사실상 실세는 주임원사다. 부대 상황을 모조리 파악하고 있는 데다, 수십 년 동안 부대 제반 문제를 처리하며 부대에 미치는 영향력이 막강한 때문이다.

부대장도 원사를 믿고 순순히 따라가는 편이다. '복종하고 싶은데 복종하는 것은 아름다운 자유보다도 달콤합니다. 그것이 나의 행복입니다.' 한용운의 시 「복종」의 한 구절이 부대장의 마음일 거라 여기면 나만의 안일한 착각이려나.

출가한 딸은 병장 만기 전역 후 다시 임관한 부사관 역이다. 전역하여 정기 훈련에 동원되는 예비역처럼 집안 행사나 특별한 날에 참석하면서, 쌍방향으로 랜선 부사관 역할을 다하고 있다. 전략전술과 현장 작전에 능해 부대의 핵심 요원이다.

아들은 아직 우리 부대에 복무 중이지만, 타 지역으로 전출되어 주말에만 복귀하는 형태로 생활하고 있다. 주말에도 대외 활동이 많아 동섬서홀東閃西忽, 홍길동 못지않다. 스포츠를 즐기고 신앙심이 돈독하며 막내 병사지만 제 역할을 톡톡히 해내고 있다.

2019년 10월, 부대 창설 28년 만에 신병이 들어왔다. 사위라는, 최 서방이라는 호칭이 어색하고 실감 나지 않았지만 곧 자연스러워졌고, 신병 역시 처음엔 낯설었겠지만 부대 분위기에 금방 적응되었다. 신병은 서울 출생이라 목소리가 나긋나긋하고 붙임성이 좋다. 생활 방식도 계획적이고 규칙적인 데다 눈치 빠르게 행동한다. 부대원들과 융화하려고 애쓰는 걸 보면 가상하고 미쁘다. 아마 대한민국 국군 내무반의 신병도 그와 같을 것이다.

후년쯤 신병(며늘아기)이 또 들어올 것이라는 소문이 돈다. 여군이어서 무척 기대된다. 그러면 어느새 6인 부대를 구성하게 되는 것이고, 다시 몇 년 후에는 대원들의 졸병들이 생겨나 10인 부대 완전체를 이루지 않을까, 이른 기대를 해 본다.

세상은 전장에, 삶은 전투에 비유할 만하다. 강한 체력과 정신력으로 무장하여 하루하루 전투적으로 살아 나가야 하는 게 현실이다. 그것은 강철부대가 되어야 한다는 것을 의미한다. 부부는 사랑보다 의리와 전우애로 산다는 우스갯말이 늘그막에 진실임을 깨닫는다. 우리 가족은 끈끈한 전우애로 뭉친 천하무적의 강철부대이다.

골목 연가

적요한 시간을 마주하고 누웠다. 내일은 강추위라더니 밤새 매서워지고 있는 바람발이 창을 흔들어 대고 있다. 따끈한 이부자리에서 예전 시골집 온돌방의 정서를 느껴 본다. 물론 전류로 달궈진 전기매트의 온기와 나무 향이 밴 땔나무로 지핀 온돌방을 비교할 바는 못 되지만 아련한 그리움 속으로 젖어들기엔 충분하다.

이따금 오래된 기억을 꺼내 어루만질 수 있다는 건, 쓸

쓸한 기쁨이 아니겠는가. 좋은 기억은 퇴색하지 않도록 한 번씩 세월의 더께를 닦아 주어야 한다. 머릿속 걸음을 따라가 본다. 겨울밤이다.

시골의 겨울밤은 색깔이 짙다. 시골은 해만 떨어지면 삽시에 광합성을 멈추고 깜깜밤중이 돼 버린다. 도시의 밤보다 두 배는 깊고 길다. 과학적 논리로는 설득력이 없지만 체감으로는 그렇다. 오후 다섯 시면 어둠이 산을 타고 내려와 마을의 낮은 지붕들 위에 그림자를 얹는다.

어둑발이 퍼지기도 전에, 마실 온 이웃집 아지매들은 슬며시 조바심을 냈다. 누군가 한마디 재촉하면 꽃피우던 수다를 거두며 자리를 털고 일어났다. 무엇보다 식구들 땟거리 챙기는 일이 우선이기에 미적거리지 않고 순순하게 일어서는 것이다. 모였다 흩어지는 일도 부산스럽고 정겨웠다.

골목에는 어느새 이 집 저 집 굴뚝에서 연기가 피어올랐다. 전기도 들어오고 연탄도 때지만 온돌 구들장을 뜨끈

뜨끈 달아오르게 하는 건 역시나 마른나무로 군불을 지필 때이다. 어느 집이든 아랫목이 따끈하다는 걸 인증해 보이듯 장판이 까맣게 눌어 있었다.

곡간에 곡식이 차 있으면 마음까지 배부르듯, 마당 한편에 오두막처럼 봉긋이 나뭇단이 쌓이면 보는 것만으로도 등짝이 따뜻해 왔다. 마른 솔가지와 삭정이로 겨우내 아궁이에 불을 넣어 따시게 자고, 아침저녁으론 가마솥에 세숫물을 덥히는 데 한 아름씩 쓰곤 했다.

저녁상을 물리고 식구들이 둘러앉아 두런두런 이야기를 나누는 시간이 참 좋았다. 어머니가 들려주는 외갓집 이야기는 끝없이 들어도 재미있었고 애련한 감정을 느끼게 했다. 언니와 인명사전, 국어사전, 사회과 부도 이런 책을 가지고 퀴즈를 내며 긴 겨울밤을 채웠다. 속이 허전해지면 마당에 묻어 둔 무를 꺼내다 깎아 먹고, 감말랭이나 튀밥 따위로 주전부리를 했다.

밤이 깊어 하나둘 잠이 들면 기다렸다는 듯 나는 라디오를 켰다. 한밤에 홀로 라디오를 듣는 게 큰 낙이었다. 마음

속에 환한 촛불 하나 켜고 그 시간을 영접했다. 당시 애청했던 심야 음악 프로그램은 '별이 빛나는 밤에', '밤을 잊은 그대에게', '이종환의 밤의 디스크 쇼' 등이었다. 불멸의 시그널곡인 Franck Pourcel의 Adieu, Jolie Candy나 Merci Cherie는 지금도 종종 찾아 듣는다. 들을 때마다 가슴 뭉클해지고, 감수성 풍부했던 소녀 시절로 견인해 준다.

라디오 볼륨을 낮추었지만 예민한 언니는 자주 깨어 짜증을 냈고, 어머니는 전기세 많이 나온다며 그만 불 끄고 자라고 채근했다. 눈치 보면서도 밤마다 심취했던 시간, 깊고 그윽한 강물처럼 내 심저에 흐르고 있다.

또 하나의 기억이 나를 붙잡는다. 하모니카 소리다. 과거로의 회귀, 거기에는 따뜻한 겨울밤이 있고 골목이 있고 골목 가득 흐르던 하모니카의 감미롭고 풍성한 멜로디가 있다.

바람에 전선이 윙윙대는 소리와 멀리 개 짖는 소리만이 간간이 들리는 적요한 밤, 하모니카 소리는 굽이진 골목

저 안에서부터 아련하게 들려왔다. 골목 초입에 있는 우리 집 쪽으로 점점 도드라지면서 다가왔다 점점 멀어져 갔다. 걸음 때문인지 바람 때문인지 흔들려 더욱 리드미컬하고 애잔했다. 이불을 덮고 누워 귀를 모으고 '저이는 누구일까' 사뭇 궁금했지만, 어찌할 도리 없이 그저 다소곳이 감상에 젖을 뿐이었다.

세월은 빠르게 흘러가 버렸지만 그 겨울의 하모니카 선율은 소멸되지 않고 내 머릿속을 맴돌고 있다. 낭만가객의 정체는 영영 알지 못한 채, 묘한 그리움의 대상으로 가슴속에 존재하고 있다.

골목은 이처럼 유년 시절과 성장기에 추억이 서린 공간이다. 단단한 흙길 위에 겨울이면 떡가루 같은 눈이 내리고 늦봄엔 감꽃이 떨어져 노란 주단을 깔았다. 여름엔 담벼락 아래 맨드라미 붉었고, 긴 꽃대 올리며 층층이 접시꽃이 피어났다.

시골의 골목은 지붕과 담이 낮아 두터운 그늘이 없다. 담의 질감만큼이나 햇빛의 질감이 살아 있다. 수시로 긴

싸리비로 쓸어 놓아 우리 동네 골목은 늘 말끔하고 정갈했다. 아침엔 들일 나가는 경운기 소리로 들썩였고, 밤엔 인적 없이 고즈넉했다. 둘레둘레 토박이들의 정이 스며 있는 골목길은 부지런한 새벽을 마중하고 고단한 하루를 닫아 주는 사립문이었다. 어귀 집과 끝 집, 이웃과 이웃을 동여매 주는 소통의 통로였다.

골목이 좁다란 건, 서로 얼굴 맞대고, 서로 등 기대고 살아가려는 마음에서일 터이다. 그렇게 콩꼬투리같이 비비고 살던 이웃집 아지매들, 고왔던 울 엄니, 그들의 혼불은 다 어디로 갔을까. 밤하늘 뭇별로 모여 텅 빈 골목을 비추고 있으리라. 그리움이 짙은 안개처럼 농밀하게 피어오른다.

무채색의 낯익은 풍경들, 두서없이 깨어나는 오래된 기억들을 여미며 노래 한 소절을 읊조려 본다.

"가물거리는 추억의 책장을 넘기면, 오 끝내 이루지 못한 아쉬움과 초라한 속죄가, 옛이야기처럼 뿌연 창틀의 먼지처럼 가슴에 쌓이네. (…) 내 남은 그리움 세월에 띄우고 잠이 드네. 꿈을 꾸네."

등이 따뜻하다. 성에 낀 창으로 여명이 기웃거린다.

깡

먹태깡, 돌풍의 주인공이다. 포털 사이트 메인을 장식하고 있다. 새우깡 후속작인 것 같은데 정체가 궁금하여 클릭했다. 맥주 안주인 먹태의 맛을 구현한 스낵이 출시 일주일 만에 100만 봉 이상 팔리는 인기몰이를 하며 품절대란이라는 내용이다. 중고 사이트에서도 소매가보다 몇 배 높은 가격으로 거래되고 있다.

2014년 허니버터칩 파동이 생생하게 연상된다. 사회적으로 엄청난 신드롬을 일으켰던 과자다. 우리나라 음식산업 역사상 가장 단기간에 가장 강력한 인기를 얻은 제품이라고 한다. 여론몰이와 군중심리에 의해 밀가루 과자가 금가루 과자 대접을 받았던 코미디 같은 상황이었다. 품귀와 가격 폭등, 웃돈 거래 등 기현상을 빚으며 별의별 진풍경이 벌어지곤 했다. 물량을 확보한 마트에서는 과자를 미끼로 얄팍한 상술을 부렸고, 수입차 매장에서는 사은품으로 내세워 화제를 모았다. 전례 없는 사태를 보며 경악과 충격에 휩싸였던 나는 그때의 소감을 SNS 카카오스토리에 남겼다. 이미 소멸된 현상이라 새삼스럽지만 그날의 스토리를 다시 기록해 본다. 날짜는 2015년 3월 30일이라고 적혀 있다.

"작년 하반기 사회적으로 큰 이슈가 되었던 과자다. 실시간 검색어 1위는 물론, 며칠 내내 검색어 상위를 차지하고 있던 그 과자다. 인터넷에서 경매가 되고 암거래가 이루어지기도 했다. 60g 한 봉 가격 19,000원에 내놓은 걸

내 눈으로도 목격했다. 이런 해괴한 사회 현상도 일어나는구나 싶어서 개탄스러웠다. 허니라는 이름을 앞세운 유사품들이 줄줄이 출시되고 그것들마저 덩달아 품귀를 빚는 등 파급 효과는 대단했고 여파는 아직도 진행형이다.

왠지 언론에서의 이슈화가 업체의 마케팅 전략일 거라는 추측에, 나는 의식 있는 소비자로서 농락당하지 말아야지 생각했다. 짭짜름한 감자칩에 허니맛 버터맛이 가미됐을 뿐 뭐 별거겠어, 금가루를 뿌린 것도 아니고. 그러면서도 마트 갈 때마다 과자 진열대 앞에서 매의 눈으로 살폈다. 없었다, 언제라도 없었다.

그런데 오늘 지하철 안에서 만나고야 말았다. 허니버터칩 요망한 너를! 내 맞은편에 앉은 아가씨가 가방에서 꺼내어 뜯더니 보란 듯이 먹기 시작했다. 나 또한 대놓고 눈으로 레이저를 쏘듯 그것을 스캔하기 시작했다. 부피며 모양새며 그녀가 과자를 씹을 때마다 내는 바삭한 소리며, 소리로 봐서 예상되는 식감까지…. 그녀는 휴대폰을 만지작거리며 아주 천천히 먹었다. 아마 20분은 족히 과자 봉지를 뽀스락대며 시각, 청각, 후각을 자극하며 주변 사람에게 고문을 안겼다. 요망한 과자를 먹고 있는 요망한 여자. '나도 먹고야 말 테다!' 굳은 변심을 했다. 마케팅의 미끼에 걸려들지 않겠다는 나의 지조에 대한 변심.

집에 들어가기 전 찬거리를 사려고 동네 마트에 들렀다. 이것저것 고른 물건을 계산대에 올리는데 1m 앞, 눈에 딱 들어오는 저건!! 신의 묘수인가, 기막힌 타이밍이다. 귀하신 '허니버터칩'에 새로 나온 '딸기맛 오예스'를 한데 묶어 쟁여 놓았다. 나는 의식 있는 소비자임을 포기하고, 금지옥엽 다루듯 모셔 왔다. 경건하게 음미하며 포장지를 훑어봤다. 뒷면, 깨알만 한 글씨로 적힌 원재료명에 허니 0.01%, 버터 0.01%…."

당시 품귀 사태가 반년 이상 지속되었다는 것을 알 수 있다. 기다림 끝에 구할 수 있었지만 곁다리로 끼워 파는 과자까지 사야 했다. 지난해 포켓몬 빵도 20여 년 전의 열풍을 재연하며 거대한 토네이도처럼 세상을 한바탕 휩쓸고 갔다. 분노를 유발하는 막장 드라마일수록 시청률이 폭발하지 않던가. 사람들은 비난과 조롱을 하면서도 호기심에 불을 댕기며, 아직 그 맛을 경험하지 못한 소외감을 해소하려고 기꺼이 구매 대열에 끼어든다.

2023년 여름은 먹태깡이 달구고 있다. 형만 한 아우 없다는데 새우깡의 아성을 넘보는 지경이다. 고래 싸움에 새우 등 터지는 게 아니라 먹태한테 새우가 잡아먹히게 생겼다.

새우깡이 출시된 해가 1971년이니 반세기를 넘겼다. 사람으로 치면 태어나서 50대에 이른 셈이다. 새우깡은 대한민국 스낵 판매량 부동의 1위 자리를 지키고 있다. 천차만별인 사람들의 구미에 맞추느라 과자도 변신을 거듭하며 다양하게 쏟아져 나오지만, 그럼에도 나의 새우깡 사랑은 아직 식지 않았다. 무심코 흥얼거리게 되는 "손이 가요. 손이 가~"라는 CM송이 정겹기만 하다. 저력의 새우깡이 건재를 과시할지, 호기로운 먹태깡이 판세를 뒤집을지 두고 볼 일이다.

그나저나 과자 이름에 왜 '깡'을 붙였을까. 상품 개발 당시 제조업체 회장의 어린 딸이 아리랑을 아리깡이라고 부르는 것에서 힌트를 얻고, 튀밥의 방언인 깡밥과도 의미가 통해 새우깡이라고 이름 지었다고 한다. 발음이 깡 있게 입에 착착 달라붙고 머리에 쏙쏙 박힌다. '깡'은 '깡다구'와 같은 말로, 악착같이 버티어 나가는 오기를 속되게 이르는 말이다. 어원은 '강단剛斷'으로 굳세고 꿋꿋하게 견디어 내는 힘을 뜻한다.

비약이라 여기겠지만, 국민 과자로 50년 이상 명맥을 이어 온 '깡' 스낵의 생존력은 정말 뚝심과 철학으로 지켜낸 결과라 하겠다. 우리는 그러한 속성의 간식을 먹고 자라며 역경을 깡으로 돌파하고 깡으로 버티는 민족성을 지니게 된 것인지도 모르겠다. 깡만큼, 강단만큼 오랜 역사를 버텨온 것은 없다 싶다.

나는 깡이 있는 사람일까. 끈기는 있지만 깡은 부족한 것 같다. 그래도 조금씩 삶의 내공이 쌓이면서 어쭙잖은 강단도 생겼다. 외롭고 상처받기 쉽지만, 배제되고 벼랑

끝으로 내몰리기 쉽지만, 나는 강단 있는 사람이고 싶다.

먹태깡과 아직껏 첫 대면을 하지 못했다. 우리 동네에는 언제쯤 행차하실는지. 출시 2개월이 지난 시점, 인터넷몰에서는 여전히 자비 없는 가격이다. 의식 있는 소비자는 품귀 마케팅에 흔들리지 않아야 하느니, 수굿하게 때를 기다리자. 한때 뜨거웠던 것들, 아등바등했던 것들, 지나고 나면 그리고 알고 나면 다 덧없고 별것 아닌 것을.

먹태깡을 안주로 시원한 맥주 한 잔 마시고 싶은 밤이다.

버킷리스트

버킷리스트. 죽기 전에 꼭 해 보고 싶은 것들을 적은 목록을 말한다. 이른바 '소망 목록'이다. 미국 영화 버킷리스트(The Bucket List, 2007)가 개봉되면서 붐을 일으켰다고 할 수 있다. 이 영화는 잭 니콜슨(에드워드 역)과 모건 프리먼(카터 역), 두 거장이 주인공으로 등장한다. 불치병으로 시한부 선고를 받은 두 사람이 버킷리스트를 작성해 하나하나 이루어 나가는 이야기다.

자동차 정비사인 카터와 재벌 사업가인 에드워드는 같은 병실을 쓰게 된다. 가난하지만 박학다식하고 화목한 가정을 이루고 사는 남자와 자수성가한 백만장자지만 괴팍한 성격으로 가족과 헤어져 외롭게 사는 남자다. 완전히 다른 삶을 살아온 두 사람은 죽음을 앞두고 있다는 동질감으로 서로 속내를 털어놓으며 가까워진다. 남은 시간에 의미를 부여하고자 카터의 버킷리스트에 에드워드의 리스트까지 더하여 실행하기로 결심한다. 장엄한 광경 보기, 눈물 날 때까지 웃기, 카레이싱과 스카이다이빙 하기, 타지마할과 피라미드 보기, 오토바이로 만리장성 질주하기 등등 십여 가지에 도전하여 하나씩 목록에서 지워 나간다. 나이와 현실에 연연하지 않고 인생의 기쁨을 찾기 위한 그들의 여정은 웃음과 감동, 철학적 메시지를 전해 준다.

영화는 관객에게 사유와 과제의 시간을 제시한다. 새로운 도전은 자기 자신을 발견하고 성찰하는 과정임을 일깨워 준다. 영화가 끝나고 엔딩 크레디트가 올라갈 때, 숙연한 기분으로 자신의 버킷리스트를 생각해 보게 만든다. 나도 적어 보았다. 실현 가능한 것도 있고 불가능해 보이는 것도 있다. 꼭 근사하고 거창할 필요는 없다. 조촐한 것일지언정 소망이 있다는 것 자체로 의미를 가지기 때문이다. 나의 버킷리스트 중 하나는 패러글라이딩에 도전하는 일이다. 고소공포증도 있고 자칭 겁보인데 과연 해낼 수 있을지 장담할 수는 없다.

해마다 여름휴가 때면 행선지를 고심하게 된다. 코로나 시국이라 선택의 폭이 좁아졌지만 의외로 수월하게 충북 단양으로 정했다. 단양은 손꼽히는 비경과 볼거리, 즐길 거리가 많아 휴가를 보내기에 더할 나위 없이 좋은 선택지다. 소백산과 월악산 능선이 뻗어 있는 데다 단양팔경, 고수동굴 등 명승지가 늘비하다. 기암절벽과 강의 운치를 만끽할 수 있는 단양강 잔도 트레킹도 낭만적이다. 하늘을 걷는 듯 짜릿한 스카이워크는 규모에 놀라고 사방 탁 트인 전경을 한눈에 담을 수 있다. 거기다 스릴 만점의 패러글라이딩과 짚와이어 등 다양한 레저스포츠도 체험할 수 있어 흥미진진하다.

무엇보다 단양은 패러글라이딩에 최적의 조건이다. 나의 버킷리스트인 패러글라이딩에 도전할 기회가 왔다. 자동차로 활공장이 있는 산등성이까지 구불구불 산길을 한참 올라갔다. 청정한 공기를 마시며 넓은 활공장을 둘러보았다. 저 아래 멋진 풍광과 하늘에 두둥실 떠 있는 오색찬란한 패러글라이더를 바라보는 것만으로도 가슴이 벅차올랐다.

막상 출발선에 서려니 갈등이 일었다. 나이 육십 줄이 다 된 몸으로 가벼운 새처럼 날아갈 수 있을까. 그렇지만 때를 놓치면 두고두고 미련으로 남을 것이 뻔하다. 과감해지자. 우리가 인생에서 가장 후회하는 것은 이미 저지른 일이 아니라 하지 않은 일이라는 잠언을 떠올렸다.

비행 동의서를 쓰고 간단한 안전 수칙을 들은 다음 파일럿 복장으로 갈아입었다. 활공장에 패러글라이더를 펼쳐 놓고 안전장비를 착용했다. 기구가 멀리서 보는 것보다 훨씬 거대해서 중압감이 느껴졌다. 동승하는 전문 조종사가 밝은 목소리로 나를 안심시키며, 달리라고 외치면 멈추지 말고 힘껏 달려라, 공중으로 뜨는 순간에도 달려야 한다고 단단히 일렀다. 생면부지의 남자에게 하나밖에 없는 내 생명을 맡겼다.

자, 이제 날아오를 시간이다. 두려움 따윈 없다. 기분 좋은 긴장과 호기심으로 상기되어 있었다. 비행기가 이륙하기 직전의 감미로운 설렘과 비슷했다.

"달려! 달려!"

그가 큰 소리로 외쳤다. 나도 따라 복창하며 힘차게 달려 나갔다. 그런데 몇 걸음 달리자 뒤에서 확 잡아당기는 압박이 느껴지며 제동이 걸리고 말았다. 바람이 갑자기 방향을 틀어 날개가 펼쳐지지 못하고 엉켜 버렸다는 것이다. 다른 조종사들이 달려들어 둘둘 말린 날개를 바닥에 다시 쫙 펼쳐 놓았다. 바람을 흠뻑 끌어들여 팽팽하게 부풀 수 있도록 매만졌다. 순간 커다란 불안감이 밀려왔다. 이건 또 무슨 심상치 않은 조짐이란 말인가. 가끔 접하는 패러글라이딩 사고 소식이 머릿속에 번뜩 떠올랐다.

재차 달리라는 외침이 귀를 울렸다. 주저할 새도 없이 카메라가 달린 막대를 꽉 움켜쥔 채 힘을 다해 돌진했다.

“하늘 끝까지 달릴 거야, 엄마 품까지 달릴 거야.”

만화 주인공 하니처럼, 두 주먹을 불끈 쥐고 외치던 하니가 되어 달려 나갔다. 어느 순간 발이 땅에서 떨어지며 공중으로 붕 떠올랐다.

패러글라이딩에 도전한 사람만이 패러글라이딩의 전율에 도달할 수 있다. 발아래 굽이굽이 짙푸른 능선과 산자락을 따라 휘감아 도는 강줄기가 아득히 일렁였다. 새가 된 듯, 구름이 된 듯, 신묘한 기분에 휩싸였다. 감탄사를 내지르며 공중활주를 만끽하고 있는데, 바람을 타며 기구를 조종하던 그가 말을 건넸다. 어디에서 왔는지, 누구와 동행했는지, 소감이 어떤지 등등 묻더니 거친 것을 좋아하냐며 용기 있다고 치켜세웠다. 거센 바람 소리에 말소리가 묻혀 바로 뒤에 있지만 또렷하게 들리지 않았다.

삶에서도 예기치 않은 상황이 닥치지 않던가. 돌풍이 휘몰아치듯 별안간 공중회전을 몇 바퀴 돌았다. 발아래 있던 강산이 머리 위로 치솟다 사라지고, 하늘 속으로 몸이 풍덩 빠지는 듯한 전율을 느꼈다. 알고 보니 아들놈이 비행 코스를 '익스트림 롤러코스터'로 선택했던 것이다. 조종사는 아찔한 맛 좀 보라는 듯 기구를 흔들어 댔고 수차례 공중회전을 반복했다. 비명과 함께 불쑥 멀미가 치솟았다. 무서움보다 멀미가 더 염려되었다. 실제로 공중에서 멀미하는 사람이 많다고 했다. 선처를 호소하는 수밖에 없었다. 지상으로 내려오며 새들의 생태를 미미하나마 체감했다. 새의 비상과 선회와 뭍으로의 안착, 그 자유스러움에 대하여, 막막함에 대하여.

영화 속에서 두 노인은 피라미드를 보며 담소를 나눈다. 고대 이집트인들은 사후 세계를 믿었는데, 천국의 문 앞에서 신이 두 가지 질문을 던진다고 했다. '당신은 인생의 기쁨을 찾았는가, 당신의 삶이 다른 사람들을 기쁘게 했는가.'였다. 어떤 대답을 하는가에 따라 가는 곳이 정해진다고 했다.

나는 두 가지 질문에 명쾌하게 답할 수 있을까. 생의 끝을 어떤 소회로 맞을지 가만히 생각해 본다. 앞으로 나의 버킷리스트는 천국 문 앞에서 한다는 신의 질문을 기준으로 삼아도 좋을 듯싶다. 아니 그래야 할 것 같다. 내 삶의 기쁨을 찾는 것과 다른 이들을 기쁘게 하는 것은, 궁극적으로 소중한 사람들과 더불어 삶의 가치와 의미를 찾는 일이기 때문이다.

봄은 살아 있다

Spring!

봄, 도약, 싹, 샘 등 여러 의미를 지니고 있지만 그 의미들이 상통되는 단어는 '튀어 오르다', Spring이다. 스프링이 튀어 오르듯 경쾌한 걸음으로 싱그러운 봄 속을 걸어간다. 어설프게 시작된 봄도 '이 세상에 봄이 왜 필요한가'라는 존재성을 재바르게 인식하고 그 역할을 충실히 하고 있다. 겨울나기를 견뎌 낸 생물체에 신선한 활력의 태엽을 감아 주고 있다.

저 눈부심 속으로 내닫지 않는다는 건 단연코 봄을 무시하는 처사라 여기며, 나를 부추겨 바깥나들이를 나선다. 길벗이 동행하여 주니 즐거움이 배가된다. 예전엔 무엇보다 봄이 왔음을 알려 주는 건, 아파트 놀이터에서 들려오는 꼬마들의 목청이었다. 마치 꽹과리처럼 짜랑짜랑 사방으로 울려 나갔다. 지금은 아이들 뛰어노는 모습을 좀처럼 찾아볼 수가 없다. 참 안타까운 현실이다.

나들이는 가덕도로 정했다. 2010년 거가대교가 개통되면서 가덕도는 뱃길이 아닌 찻길로 드나들어 편리해졌지만 섬이라는 실감은 온전히 나지 않는다. 몇 해 전에 가족과 연대봉에 산행한 적이 있었다. 이번엔 지인과 봄을 체감하러 나왔다.

비린내 물씬 풍기는 선착장을 기웃거려 본다. 정박해 있는 작은 어선들이 특유의 낭만을 자아내고 있다. 방파제 위로 투명한 아지랑이가 피어오르고 짙은 옥빛 해면에는 하얀 물비늘이 반짝거린다. 바다를 낀 산책로를 걸으며 겨우내 채우지 못한 결핍된 정서에 따뜻한 볕을 쪼이고 있다.

겨울의 냉기류에 감각이 무디어져 있었는데, 봄꽃들이 호기심을 자극한다. 담벼락 아래에는 노란 개나리가 볼살을 한껏 터트리고, 산기슭엔 분홍빛 진달래가 무리무리 흐드러졌다. 논둑이나 밭가엔 마른풀을 비집고 보드랍게 올라온 어린 쑥이 향내를 풍기고 있다. 뒤 집 마당가에 서 있는 목련은 단아한 꽃봉오리를 소담스럽게 벙글었다. 박목월 시에 곡을 붙인 「사월의 노래」가 흥얼흥얼 입속에서 맴돈다. 목련꽃 그늘 아래서 그리운 이들에게 전하는 안부를 엽서로 쓰고 싶다. 즉흥시인이 되어 완성하지 못할 문장이라도 한 줄의 시를 쓰고 싶다.

자연은 자기들만의 몸짓과 향기로 봄을 노래한다면, 사람은 마음 밭에 흙을 돋우고 씨를 뿌리며 봄을 일구는 것이리라. 이러구러 찬란한 사월이 목전에 와 있다.

사월이면 누구나 T.S 엘리엇의 시 「황무지」를 떠올릴 것이다. 무려 433행에 달하는 장시지만 우리는 대개 "사월은 잔인한 달", 이 첫 구절을 각인하고 있다. 의식의 흐름 기법으로 쓴 작품이라 다소 난해하지만, 시대적 배경을 알고 나면 만물이 소생하는 사월이 참으로 잔인하다는 지독한 역설에 대해 고개를 끄덕이게 된다.

"사월은 가장 잔인한 달, 죽은 땅에서 라일락을 피우며 추억과 욕망을 뒤섞고 봄비로 잠든 뿌리를 깨운다. 겨울은 오히려 따뜻했다."

제1차 세계대전 이후 유럽 문명의 황폐화와 정신적 공황상태를 반어적으로 나타낸 작품이다. 최근 러시아-우크라이나 전쟁을 보며 그곳의 봄은 얼마나 가혹한가, 짓밟힌 대지에도 분명 새잎이 돋고 꽃을 피우리니 그 모습이 그들에겐 잔인할 뿐이라는 상황에 공감하게 된다. 오히려 지난겨울이 얼마나 평등했던가, 너나 나나 다 춥고 황량할 뿐이었으니. 그러나 전쟁터에서도 희망은 죽지 않고 생존한다. 혹독한 추위 끝에 분명 봄은 다가오리니.

가덕도에는 희망정이라는 정자가 있다. 바다를 마주한

탁 트인 조망이 시원하게 펼쳐진다. 안내판에는, 드넓은 바다를 바라보며 다시 한 번 희망을 가지자는 의미로 이름을 붙였다는 글이 적혀 있다. 누구에게나 봄이 오듯 "다시 한 번 희망을 가지자"는 말이 가슴에 봄꽃처럼 아로새겨진다.

가덕도에서 용원으로 가는 길에는, 벚나무들이 일시에 꽃망울을 터트릴 심산으로 가만히 숨을 삼키고 있는 듯하다. 더러 콧바람이 간지러웠던지 가지 끝에 꽃눈을 틔운 녀석들도 보인다. 언 땅을 두드려 생명을 깨어나게 하는 고통과 희열의 순환, 요즘 무기력감에 빠져 있는 내게 무언의 메시지를 주는 것 같다.

용원어시장으로 향했다. 어시장 앞에는 싱싱한 바다가 출렁이고 있다. 키조개, 가리비, 바지락, 멍게, 제철 해산물이 큰 고무 대야 안에서 굼뜨게 벌쭉거리고 있다. 살이 오른 도다리도 통에 납작 엎드려 있다 뜰채라도 들이대면 꼬리를 퍼덕거렸다.

어시장 골목을 쭉 걸어 안쪽에 조개구이 집으로 들어갔

다. 바닷물이 곧 들이닥칠 것 같은 창가에 자리를 잡고 산낙지와 새조개를 주문했다. 입안에 해산물이 쫄깃하게 씹히면서 봄이 바다 향기를 듬뿍 끌어안고 몸으로 함께 들어왔다. 저쪽 테이블엔 낮술에 얼근해진 남자들이 달뜬 목소리를 높이고 있다. 그들은 어떤 이야기를 할까. 주고받는 질박한 대화 속에 생의 봄을 갈구하는 희망과 활력이 느껴진다. 그들도 우리도 좁은 식탁에서 사실은 봄을 잡아두고 있는 것이다.

바다를 혼자 맛보기엔 마음에 걸려 저녁 밥상에 공수해야겠다. 새우, 꽃게, 홍합을 한 보퉁이 사 들었다. 바구니를 삐져나온 꽃게 발이 손끝을 찔렀지만 그것 또한 곰살궂은 봄의 투정이리라. 갯내음이 혹시나 새어 나갈까 꼭 받쳐 안고 바닥이 철벅대는 어시장 골목을 빠져나왔다. 팔딱거리는 활어 좌판마다 아지매들의 정겹고도 억척스러운 흥정 소리가 피어나 귓전에 맴돈다.

취기 오른 오후를 파도 타던 그들을 떠올리며, 저녁 밥상엔 술도 한 잔 곁들여야겠다는 생각이다. 질병과 전쟁으로 험난한 시기, 삶을 향유하지 못하고 하루하루 연명하고 있는 현실, 모두에게 황무지가 아닌 생명이 싹트는 봄이 되도록 위로와 응원의 건배가 필요하다. 그늘과 어둠 속에 있는 이들에게, 전장과 폐허의 저 먼 나라에도, 따뜻한 봄이 깃들길….

Spring! 봄은 살아 있다!

휘영청

달빛 산책 갈까? 넌지시 건네는 말이 생경스럽다. 평소에 책을 거의 읽지 않는 남편이 시적 표현을 쓰니 의아하다. 우물거리고 있는데 한마디 더한다. 내일이 대보름이니 미리 달구경하러 나가 보자고. 현실적인 말투에 그제야 적응이 되면서 피식 웃음이 새어 나온다.

백구과극白駒過隙이라는 말이 있다. 인생은 마치 흰 망아지가 달려가는 것을 문틈으로 보는 것처럼 순식간이라는 뜻이다. 설 쇤 지가 사나흘 된 것 같은데 어느새 두 주일이 냉큼 지나가고 정월대보름이다. 계묘년 토끼해여서 그런지 깡충깡충 더 잽싸게 달아나는 듯싶다.

정월대보름은 존속되고 있는 명절이지만 한식, 단오 등과 같이 점차 쇠퇴하고 있다. 어릴 적 대보름은 온 동네가 들썩이는 큰 명절이었다. 고향에선 설날부터 대보름까지 명절 분위기가 지속되었다. 아이들이 논바닥에서 연날리기와 쥐불놀이를 즐기면, 어른들은 반별로 편을 짜서 윷놀이를 하느라 종일토록 왁자했다. 박수와 웃음소리, 응원소리가 한데 뭉쳐, 마치 기마부대가 소리치며 몰려오듯 골목 안이 와르르 울렸다. 진원지는 마을회관 마당이나 성당 앞 공터였다.

다채로운 정월대보름 세시풍속 중 하이라이트는 지신밟기다. 가가호호 돌며 지신을 달래고 가정의 다복을 기원하는 지신밟기는 이삼일씩 이어졌다. 오방색 복장과 종이꽃 고깔을 쓴 풍물패가 악귀와 잡신을 얼씬도 못하게 물리치겠다는 듯 기세등등하여 동네를 휘돌았다. 소리가 우리 집 쪽으로 몰려온다 싶으면 고개를 빼고 골목 안쪽을 살피며 잔뜩 긴장했다. 깃대와 풍물을 앞세운 지신밟기패가 집에 들어서면, 마당과 부엌을 발바닥으로 꾹꾹 힘주어 다지며 주문을 외듯 지신풀이를 했다. 지신풀이가 끝나면 어머니는 고맙다는 표시로 소반에 막걸리와 음식을 담아 냈고 쌀이나 성금을 냈다.

대보름 전날 저녁에는 오곡밥과 아홉 가지 나물을 해서 이웃집과 음식을 나누며 덕담을 주고받았다. 어머니는 대보름날 아침에 식구들이 눈을 뜨자마자 종발에 귀밝이술을 따라 주었다. 귀가 밝아지고 총명해진다며 다 마시길 재촉했고, 부럼도 야무지게 깨물라 다짐을 주었다. 그래야 치아가 단단해지고 일 년 동안 부스럼과 잔병치레 없이 지날 수 있다고 했다. 나는 어머니 말을 찰떡같이 믿었기에, 귀밝이술을 한 방울도 남기지 않고 홀짝 마셨고, 부럼 깨물자! 힘차게 외치며 쌀강정, 콩강정을 와자작 사정없이 깨물었다.

아침 햇살이 채 퍼지기도 전에 다급히 부르는 소리가 담을 넘어왔다. 어머니가 성에 낀 밀창을 열며 누구래요? 응답하면, 아지매요. 내 더위 사요! 냅다 더위를 팔아넘기고 도망가던 이웃집 쌍둥이네 아저씨. 어머니는 올해도 또 속았다며, 참 능청스런 양반이라며 약이 올라 발을 굴렀다. 대보름날 또 하나의 세시풍속인 더위팔기다. 아침에 누구의 이름을 불러 그 사람이 대답을 하면 내 더위 사라고 말하는 동시에 더위를 판 것이 되어 그해 여름에는 더위를 먹지 않는다고 믿었다. 담장 위에 맴돌던 아저씨의 너털웃음이 아직도 생생하다. 남의 더위를 떠안은 건 억울했지만 덕분에 한바탕 웃을 수 있었다. 나는 더위를 많이 타는 체질이라 친구들이 부르면 절대 대답하지 않으리라 입술을 앙다물었다.

정월대보름이 돌아오면 난롯가처럼 따뜻한 온기가 있던 그때를 회상한다. 결혼 후 한 해도 빠뜨리지 않고 오곡밥과 나물을 갖추어 먹는 것도 그런 연유에서다. 실속과 편리를 추구하는 오늘날 굳이 고수할 이유는 없다. 구색을 갖추어 해 먹는다는 게 어디 만만한 일인가. 그렇지만 특별한 날을 평시처럼 지나 버리면 섭섭하고 허전할 것이 뻔하다. 올해는 처음으로 반찬가게에서 만든 대보름 아홉 가지 나물을 샀다. 조미료 맛이 강했지만 그런대로 맛이 있었다. 무엇보다 장만하는 시간과 수고를 덜었으니 앞으로도 종종 요령을 피우며 살아야 하나 싶다.

이제는 오곡밥을 지어도, 아홉 가지 나물을 볶고 무쳐도 밥상을 함께할 식구가 없다. 아이들은 타지로 나가고 남편과 둘뿐이다. 어느덧 나는 대보름 추억 속의 어머니보다 나이가 더 들어 버렸다. 꽃무늬 양은 두레상에 둘러앉아 딸각거리는 수저질 사이 두런두런 이야기 한 상 쏟아내던 어릴 적 밥상머리가 그립다.

산책을 나섰다. 마침 주말이라 바람도 쐴 겸 을숙도로 갔다. 인적이 끊긴 산책길은 사방 고요했고, 늦겨울 한기에 손이 시렸다. 휘영청 떠 있는 달은 갑자기 성큼 다가온 듯 커다랗고 선명하다. 달 표면의 얼룩 반점은 마치 먹구름이 흩어져 있는 듯, 눈 위에 찍힌 곰 발자국을 닮은 듯도 하다. 어찌 보면 그린란드 옆 여러 섬들을 옮겨 놓은 것 같기도 하다. 옛사람들은 달을 계수나무 아래 방아 찧는 옥토끼에 비유했으니 그들의 동심 어린 심성과 풍류를 예찬하게 된다.

흙 마당과 부엌 바닥을 꼭꼭 밟아 주던 동네 어른들도, 넉살 좋게 더위를 팔아넘기던 이웃집 아저씨도, 차진 오곡밥처럼 매사 올차던 어머니도, 생의 굴렁쇠를 타고 먼 나라로 떠나갔다. 달만은 차고 기울고 다시 차고, 유유히 같은 자리에서 내려다보고 있다. 어둠이 깊어지니 달의 얼룩무늬가 더 짙어진 듯하다. 휘영청 밝은 달은 공허한 내 마음을 알기나 할까? 결국 우울한 감정에 함몰된다. 무뚝뚝한 남편이 슬며시 내 손을 잡는다. 따뜻하다.

제2부

파도에 부딪고 굴러 몽돌이 되듯

애착

창 너머 겹겹이 누워 있는 산들이 환히 보인다. 우리 동네는 아담한 산들이 사방 울타리처럼 둘러쳐 있어 가벼운 산행을 하기에 적합하다. 구불구불한 길이 주는 편안함을 느끼며 그다지 높지 않은 산정에 이르면 낙동강과 바다를 두루 조망할 수 있다.

특별한 일정이 없는 주말이면 남편과 인근 산을 오른다. 큰길에서 20분 정도 올라가면 산길 초입에 다다른다. 거기에는 배드민턴 코트와 운동 시설이 갖춰져 있고 널따란 정자가 터줏대감처럼 앉아 있다. 개울에 가로놓인 작은 다리를 건너면 사릿골 약수터가 나온다. 약수터를 돌아 내딛는 산길에는 싱그러운 잡목들과 수풀이 저들만의 언어로 수런거린다. 꽃마리, 괭이밥, 땅비싸리, 민들레 등 검불 속에서 피어난 풀꽃들을 보며 느긋하게 걷는다. 약수터를 지나 자갈마당에 당도하려면 깔딱고개 서너 곳을 거쳐야 한다. 가파른 흙길과 돌계단, 나무 계단이 차례로 기다린다.

산은 엄중하면서도 너그럽다. 힘들 만하면 달래듯 수월한 길을 내어 주고, 숨이 턱에 차오를 즈음이면 자식을 걱정하는 어버이처럼 평탄한 길을 내어 호흡을 조율해 준다. 그래서 산을 오르다 보면 인생이든 자연이든 끝까지 험한 길만 있는 건 아니라는 의미를 배우게 된다.

길게 이어지는 흙길 가풀막을 오르고 나면 잠시 쉬어 가라고 손짓하는 벤치가 놓여 있다. 고양이 한 마리가 잠복하고 있는 곳이다. 사람들이 쉬었다 가는 지점을 생존의 근거지로 삼고 있기 때문이다. 등 쪽은 연갈색, 배 쪽은 흰색 털을 가진 고양이가 불쑥 나타나 벤치 주변을 돌며 야옹야옹 울어 댄다. 울음소리가 먹이를 달라는 간청이다. 가만히 동정을 살피더니 내 앞에 와서 납작 엎드리기도 하고, 뒹굴뒹굴 구르기도 하고, 발을 비비며 갖은 애교를 떤다. 제 딴엔 공짜로 구걸하지 않는다는 뜻이리라. 내가 가진 것이라곤 마시던 생수 한 병뿐이니 어쩌랴. 큼지막한 산머위 잎사귀에 물 한 모금이라도 부어 줄까, 하는 생각이 스쳤지만 산에는 약수터가 있고 개울이 흐르니 영리한 고양이가 그걸 모를 리 없다.

고양이는 애교를 떨어 봤자 소용없다는 걸 알았는지 슬그머니 일어나 어디론가 가 버렸다. 우리도 몸을 일으켜 다시 걷기 시작했다. 오후 산행이라 멀리 승학산까지는 가지 않고 중간지점인 자갈마당을 반환점으로 되돌아섰다. 조금 전에 고양이를 만났던 곳에 오자 인기척을 듣고 녀석이 다시 나타났다. 이번에는 애절한 울음소리를 내며 졸졸 따라오지만 역시 줄 게 아무것도 없으니 난감하고 안타까울 따름이다. 그러자 고양이는 당신들에게 더 이상 애걸하지 않겠다는 듯이 내리막이 끝나는 곳에서 획, 돌아서 가 버렸다. 제 생활권을 벗어나지 않으려는 것이다. 마지막 당당한 울음소리에서 고양이 특유의 자존심이 느껴졌다.

다시 주말을 맞았다. 산행할 채비를 하며 고양이에게 줄 밥부터 챙겼다. 남편과 나는 며칠 동안 고양이가 눈에 아른거렸다는 말을 하며 마치 캣맘, 캣대디라도 되는 양 서로 공감했다. 고양이에게 밥 줄 생각을 하니, 녀석이 좋아할 것을 상상하니 마음이 바빴다. 우리는 고양이와 약속이라도 한 것처럼 부지런히 걸었다. 드디어 사릿골 약수터를 지나 이정표가 세워진 곳까지 오자 곧 고양이와 만난다는 생각에 설렜다. 고양이가 나타날 굽잇길 소실점에 시선을 모았다. 걸으면서 울음소리가 들리는지 귀를 세웠다. 오르막길 너머에서 눈을 동그랗게 뜨고 기다리고 있을 녀석을 떠올리자 발걸음이 자꾸만 조급해졌다.

가쁜 숨을 내쉬며 주위를 휘둘러보았다. 보이지 않았

다. 배낭 속 고양이 밥을 꺼내 들고 일부러 인기척을 내며 이리저리 찾아봐도 나타나지 않았다. 지난주에는 없었던 밥그릇과 빈 깡통 하나가 놓여 있었다. 누가 우리보다 먼저 밥을 준 모양이었다. 허전했다. 그래도 포기할 수 없어 돌아오는 길에 만나기를 바라며 재넘이마루터까지 올라갔다. 우리는 싸 가지고 간 김밥과 커피로 요기를 했다. 다시 내려오는 길, 산길은 여러 갈래로 오르내릴 수 있고 다른 길을 선택하면 다른 풍경을 접할 수 있지만, 우린 누가 먼저라 할 것 없이 처음 고양이를 만났던 동선으로 되짚어 갔다. 내심 기대했지만 결국 허탕이었다. 수목 사이에서 푸드덕 새 날개 치는 소리만 들렸다.

과연 이게 옳은 일인가 하는 생각이 들었다. 세상 모든 생물체가 자연의 섭리에 순응하며 살아가는데, 알아서 환경에 적응하고 자생할 수 있는데, 사람이 왜 그들을 동정하면서 마치 대단한 선행을 하는 것처럼 야단을 떠는가 싶었다. 그러면서도 마음은 고양이가 나타나기를 기다렸다. 남편은 나보다 더했다. 사방을 두리번거리는 그는, 길고양이에게 자식처럼 애정을 쏟던 부모님을 닮았다. 시골에 사시는 시부모님은 누가 던진 돌에 맞아 다리를 절룩거리는 고양이를 거두고 있었다. 사람에게 돌을 맞은 고양이는 사람을 무서워하는데, 매일 어머님이 챙겨 주는 밥을 몰래 먹고 가곤 했다. 담장도 대문도 없는 시댁은 키 낮은 향나무와 사철나무가 마당가를 둘러싸고 있고, 텃밭이 길과 마당의 경계를 이루고 있어 고양이가 제 집처럼 드나들 수 있었다.

언젠가 어머님이 돌보는 고양이와 마주친 적이 있었다. 몸집이 자그마한 검은 고양이가 마당 수돗가에 놓아 둔 밥그릇에 접근하려다 나를 발견하고는 기겁하여 그만 도망을 치고 말았다. 낯선 사람을 보고 겁을 집어먹은 것이다. 검은 고양이는 하루 이틀 사흘이 지나도 오지 않았다. 어머님은 다리가 불편해서 쥐 사냥도 못하는데 배를 곯는다며 애를 태웠다.

검은 고양이가 사라져 버린 후 어머님은 다시 갈색 길고양이를 거두었다. 갈색 고양이는 아버님이 더 지극정성으로 돌보았다. 그런데 어느 날 갈색 고양이도 밥을 먹으러 오지 않았다. 아버님은 자동차가 오가는 동네 길을 찾아다니다가 길가 밭둑에 죽어 있는 갈색 고양이를 발견했다. 고양이는 차에 치여 던져져 있었다. 아버님은 고양이를 데려다 감나무 아래 고이 묻어 주었다.

"그날 느그 아부지 눈물을 흘리더라. 며칠이나 밥도 잘 안 자시고…"

어머님도 눈물이 글썽해진 채 한숨을 내쉬었다.

남편도 그런 부모님 성향을 가졌는지 고양이를 쉬 포기하지 않았다. 이제 그만 내려가자고 했지만, 그는 조금만 더 기다려 보자고 했다. 사막에서 여우가 어린 왕자를 기다리듯, 우리는 벤치에 앉아 주변을 둘러보았다. 남편이 야옹야옹 소리를 내거나 휘파람을 불며 여러 신호를 동원해 보았지만 도무지 그림자도 내비치지 않았다. 풀숲에 깊숙이 파묻혀 낮잠에 빠져 있는지 모를 일이었다. 어쩔 수 없이 먹이를 깡통에 담아 놓고 일어났다. 고양이가 먹든 새나 청설모가 먹든 배고픈 녀석이 차지하면 될 일이었다.

천천히 산길을 내려오면서 자꾸만 뒤돌아보았다. 나무에서 새소리만 들려올 뿐, 고양이는 끝내 보이지 않았다.

이름이라는 프레임

누구나 이름을 가지고 있다. 이름은 타인과 구별되고 개인의 정체성을 나타내는 언어적 상징이다. 어떤 사람을 기억하거나 말할 때 맨 먼저 떠올리는 게 이름이다. 시간이 흘러 그 사람의 존재가 흐릿해져도 이름만은 부조처럼 가슴에 선명히 새겨져 있게 마련이다.

김춘수 시인은 '꽃'이라는 시에서 이렇게 말했다. '내가 그의 이름을 불러주기 전에는 그는 다만 하나의 몸짓에 지나지 않았다. 내가 그의 이름을 불러주었을 때 그는 나에게로 와서 꽃이 되었다.' 이름을 불러준다는 건 존재로 인식한다는 것, 무의미했던 존재가 유의미해진다는 것이기도 하다. 이름과 의미의 관계에 대해 사유하고 있다.

사람들은 자신이 원해서가 아니라, 타자에 의해 주어진 이름을 분신처럼 평생 지니고 산다. 이름이 주는 이미지는 사람의 첫인상에 버금하는 힘을 지닌다. 무척 도시적이고 세련된 사람인데 순박한 이름을 가졌다거나, 거칠고 박정한 사람인데 호감 가는 이름을 가졌다면 괴리감이 느껴질 것이다. 요즘 젊은 세대는 촌스러운 이름이 없다. 한자말로도 근사하게 짓지만, 어감과 의미가 좋은 순우리말로 지어 한글 사랑을 실천하기도 한다. 특이한 이름도 개성 있게 다가온다.

시대별로 유행하는 이름이 다르다. 내가 태어난 60년대까지만 해도 이름 끝 자에 '자, 희, 숙, 순, 옥' 등이 대다수였다. 같은 학급에 동명인 친구들이 수두룩했다. 자주 만나는 어릴 적 친구 중에 말숙, 계숙, 춘화, 영자가 있다. 언젠가 어떤 이름이 가장 촌스러운지 유쾌한 설전을 벌인 적이 있다. 서로 본인의 이름이 낫다고 주장하며 자부심을 드러내었다. 내 이름도 흔하디흔한 '희' 자로 끝나지만 다행히 성과 이름의 조합이 촌스럽지 않아 후보에서 배제되었다. 자기애가 난무했던 논쟁은 각자의 이름이 최고라는, 누구도 억울하지 않은 흐뭇한 결론으로 끝을 냈다. 시대가 변해도 지금까지 정겹게 불러온 이름들이다. 부모님들은 태어난 아이가 반듯하고 유순하고 예쁘게 자라기를 바라는 마음으로 이름을 지었으리라. 그 염원대로 자신을 건사하며 잘 살고 있다.

살면서 이름을 바꾸는 사람들이 적지 않다. 개명 이유는 가지각색이다. 사주에 맞지 않아, 마음에 들지 않아, 자존감을 위해, 이미지 쇄신을 위해, 그리고 은폐나 신분 세탁을 목적으로 이름을 바꾼다. 이름으로 인해 사회생활에 불편을 겪거나 정서적으로 피폐해진다면 아무리 부모가 좋은 의도로 지었다고 해도 자신의 인격권과 행복추구권을 찾아야 마땅하지 않을까. 이름을 바꾸면 인생이 바뀐다는 말도 있지 아니한가. 이는 신체적으로 치명적인 콤플렉스를 가진 사람이 성형을 하여 자신감을 되찾고 당당하게 사는 것과 같은 맥락이다.

나는 내 이름에 만족하는 편이다. 그 이유의 하나는 고향인 문경의 옛 지명이 '문희聞喜'라는 점이다. '기쁜 소식을 듣는다'는 뜻으로, 내 이름과 뜻은 다르나 음은 같다. 문경시를 상징하는 캐릭터 이름도 '문희'다. 문경에 가면 곳곳에서 내 이름을 마주치게 된다. 도로명에 문희로가 있고, 문화예술 공연장인 문희아트홀과 시립 문희도서관이 있다. 지역 소식을 전하는 문희저널과 지역 전통주, 아파트, 문구점, 카페 등등에도 문희라는 이름을 내걸고 있다.

'문희' 하면 떠오르는 인물로서 신라 김유신 장군의 여동생을 들 수 있다. 기록에 보면 문희는 어느 날 언니 보희의 꿈 이야기를 듣고는 비단 치마를 주고 꿈을 산다. 꿈 덕분인지 문희는 김춘추와 혼인을 하게 되고, 이후 김춘추가 태종 무열왕으로 즉위를 하면서 문명왕후가 된다. 문무왕의 모후이다. 같은 이름을 가진 현대의 유명인으로는 영화배우 문희를 떠올릴 수 있다. 물론 예명이기는 하다. 윤정희, 남정임과 함께 여배우 1세대 트로이카의 한 사람으로 6,70년대에 눈부신 활약을 펼치며 전성기를 누렸다. 6년 동안 200편이 넘는 영화를 찍었다니 연기력과 인기를 입증하고도 남는다. 간혹 나에게 "예전에 영화배우 문희를 참 좋아했었는데…"라며 말을 건네는 분들도 있다. 두 여성의 이름과 내 이름은 음과 뜻까지 똑같아 관심이 가는 것은 인지상정이다.

내 이름은 아버지가 지어 주셨다. 이름대로 따라가는 걸까. 이름 자에 글월 문文을 넣은 때문인지 어렸을 때부터 책 읽고 글 쓰는 것을 좋아했다. 국문학을 공부했고, 관련 일과 소소한 문학 활동을 하면서 이어진 끈을 놓지 않으려고 나름 애면글면했다. 감정 소모, 에너지 소모로 힘들 때면 문학의 노예가 된 듯싶어 회의에 빠졌다. 기억상실증이 온 것처럼 깡그리 정리해 버리고 홀가분하게 살고 싶은 충동이 일었다. 그러면서도 한편으론 이름 '문희文姬'의 의미를 내 맘대로 풀이한 '글 쓰는 여자' 노릇을 못하고 있다는 자괴감이 들었다. 우스운 게, 공부에 지치던 학창 시절에도 학문을 탐구해야 한다는 이름 프레임을 씌어 스스로를 세뇌하고 독려했었다. 이쯤이면 나도 개명했어야 맞지 않을까. 다른 이름으로 바꾸었으면 다른 인생을 살았을지도 모른다는 허무맹랑한 생각을 해 본다. 여하간 아버지의 선견인지 소망인지 얼추 동질의 방향을 가고 있는 셈이다.

사람은 저마다 이름과 함께 세상에 머문다. 영속되지 않는 시간 속에서 살아가는 까닭에 더 의미 있고 더 가치 있게 살려고 노력한다. 육체는 소멸할지라도 이름은 오래도록 남아 빛을 발하기를 기대한다.

글도 마찬가지다. 하루하루 사라져 가는 삶을 기록하고 이름을 부여함으로써, 자신의 경험과 여정의 시간들을 흔적으로 남기는 것이다. 그 흔적들이 풍요로운 매뉴얼이 되고, 과거와 현재와 미래를 잇는 창구가 될 터이다. 꾹꾹 내 이름 석 자를 눌러쓰며 새로이 마음을 다진다.

삿된 것을 여의고

지열이 끓어오른다. 전장에서 뿜어내는 포화처럼 맹렬하다. 태양은 무엇이든 모조리 녹여 버릴 위세로 숨통을 조이며 이글거린다. 여름의 본능이란 무던할 때가 없다. 유난히 더위를 타는 나는 한계점에 이르러 몸도 마음도 맥없이 축축 처진다. 마치 백기를 든 패잔병 같다. 나에게는 바닥난 에너지를 재생하기 위한 펌프질이 필요하다.

마음이 끌리는 곳, 운문사로 향했다. 청도 호거산에 자리하고 있는 운문사는 천오백 년의 유서 깊은 고찰이다. 온통 진초록으로 뒤덮여 있을 산속에 이미 가 있는 기분이다. 구불구불 고갯길을 달려 도착한 운문사 진입로에는 쭉쭉 뻗은 소나무들이 길 양쪽으로 울창한 숲을 이루고 있다. 차창으로 솔향기와 수풀 향이 뒤섞인 습한 기류가 물결처럼 들이친다.

운문사 경내는 따갑게 쏟아지는 땡볕을 오롯이 감내하며 경건한 분위기를 빚어내고 있다. 단아하고 정갈한 질서가 느껴진다. 앞뜰에는 노송 한 그루, 저 홀로 위풍당당하다. 가지가 위로 뻗어 오르지 않고 아래로 처지면서 자란다고 하여 '처진소나무'라는 학명이 붙은 노송은 천연기념물로 지정되어 있다. 사방으로 늘어진 가지가 땅에 닿지 않도록 수십 개의 지지대로 떠받쳐 놓았다. 오백 년 수령이 무색할 만큼 청청하고 우아하며 기품이 있다. 한 그루가 마치 숲을 이룬 듯 깊고 무성하다.

노송 옆에 자리 잡고 있는 널찍한 만세루에 잠시 걸터앉았다. 누각 양쪽에는 커다란 법고와 범종이 위용을 과시하며 놓여 있다. 바닥은 우물마루가 두툼하게 깔려 있고 가장자리는 풍상에 시달린 탓에 거칠게 긁히고 닳아 있다. 천장의 단청도 희끗희끗 벗겨지고 탈색되어 품은 세월의 깊이가 헤아려진다. 오래된 것에서 느껴지는 고색창연한 분위기가 좋다. 누각 한 면에는 탱화가 그려져 있고, 탱화 속의 석가모니 곁에는 합장하고 있는 아이들의 표정이 천진난만하면서도 진지하다. 눈을 돌려 산 능선을 바라본다. 산들이 운문사를 빙 둘러 안온하게 에워싸고 있다. 하늘빛도 여름 하늘답지 않게 더없이 맑고 푸르다. 마음을 풀어놓고 오래도록 앉아 있게 한다.

차근차근 경내를 둘러보고 운문사의 암자 중 하나인 사리암을 향했다. 사리암 입구 주차장까지 가는 오솔길은 '솔바람길'이라는 예쁜 이름을 가졌다. 솔바람길은 빼곡한 나무들이 바람의 흐름을 막아서인지 팔월 한낮의 후끈한 기운을 내뿜고 있다. 간헐적으로 들려오는 계곡 물소리를 들으며 오솔길은 계곡을 따라 이어지고 있다는 것을 짐작했다. 짙푸른 숲길은 고요했다. 2km 남짓 걸어 사리암 입구에 이르자 잠시 쉬어 가라는 듯 큰 나무 아래 들마루 둘이 나란히 놓여 있다.

사리암으로 가는 산길은 어귀부터 비탈길이다. 언틀먼틀한 길을 따라가다 중간부터 시작된 돌계단은 오르고 올라도 끝이 보이지 않는다. 암자까지 물건을 실어 나르는 케이블카가 있는 걸 보면 높고 험준하다는 것을 가늠하겠다. 결국은 도달하겠지, 시쳇말로 '희망 고문'을 하며 걸음을 재촉한다. 돌계단이 천여덟 개라는데 중생의 백팔번뇌를 열 번이라도 비우고 또 비우면서 해탈을 얻으라는 것인가. 체감으로는 만 개도 넘을 듯싶다. 심장이 거칠게 박동하며 숨이 차오르고 등줄기에 땀이 줄줄 흘러내린다. 멀미가 밀려오고 얼굴이 노랗게 질려 고행이 따로 없다. 그러나 어찌 된 일인지 몸은 방전되기 직전인데, 마음은 개운하면서 비워지는 듯하다. 몸의 고통에 집중하다 보면 군걱정은 까맣게 잊어버리게 되나 보다. 삿된 것을 여윈다는 뜻의 사리암邪離庵, 삿된 일체의 번뇌를 멀리 떠나보내라는 가르침이리라.

사리암에 가까스로 이르니 눈앞에 펼쳐진 산들의 물결, 산과 산은 첩첩이 포개어져 아득하다. 가물가물 층암절벽 위에 세워진 암자는 마주한 산등성이와 눈높이를 같이하고 있다. 문득 솔바람길에서 만난 비구니 스님이 떠올랐다. 등에 봇짐을 메고 살포시 고개를 숙인 채 잰걸음으로 걸어 내려오던 스님은 고난의 계단을 수행하는 마음으로 오르내렸을 것이라는 생각이 든다. 깨달음을 얻게 되는 수행법인 것이다. 편안한 일상에서 한계점 운운하던 자신이 민망해진다.

오르는 것만큼이나 내려가는 일도 험로다. 아래로 쏠리는 몸 하중으로 인해 다리는 후들거리고 발가락이 들쑤셔온다. 한 계단 한 계단 억지로 내디디며 사리암 입구 주차장에 다다랐다. 해는 벌써 기울어 있다. 잠시 다리쉼을 하려고 들마루에 앉는데, 연로하신 할머니 한 분이 사리암이 있는 산을 향해 절을 하고 있다. 석양은 조금씩 나앉고 어둠이 들어앉는 시간, 고적한 주변 풍경을 음미하는 내 심사는 하늘과 바람, 산과 나무들처럼 아무런 욕심이 없고 평온하다.

농밀해진 침묵 속에 할머니의 절은 계속 이어진다. 한 번씩 돌아볼 때면 구부린 몸을 겨우 가누며 절하기를 반복한다. 합장한 두 손이 부들부들 떨리는 게 보인다. "아! 할머니…." 내 입에서 외마디가 새어 나왔다. 금방이라도 쓰러질 것 같아 만류하고 싶지만 결연한 표정에 압도되어 말도 꺼내지 못했다. 영속될 것 같았던 할머니의 절은 한 무리의 일행이 나타나는 것으로 끝이 났다. 하산할 때 마주쳤던 사람들이다. 사리암까지 갈 수 없는 할머니는 가족이 다녀오는 동안 간절한 마음을 보탰던 것이다. 그들이 부축을 하자 비틀거리며 그제야 절을 거두었다. 두런두런 나누는 이야기를 귀동냥하니 아픈 자식을 위한 기도를 올린 것이다. 자식은 부모를 위해 헌신하고 희생할 수 있을까. 나에게도 자문해 보지만 부끄러울 뿐이다.

운문사의 사적에는 역사 속 주요 인물들이 등장한다. 원광 국사, 태조 왕건, 일연 선사 등이다. 원광의 세속오계 중 하나인 '사친이효'는 부모에 효도를 다하라는 뜻이다.

일연의 삼국유사 제5권에도 효행의 미담을 전하는 '효선'이 실려 있다. 우리 민족은 효를 가장 으뜸 덕목으로 여기고 지켜 왔는데, 현대 사회는 효심과 효행이 점점 사라지고 있어 안타까울 뿐이다.

산이 어둠에 묻히기 시작한다. 나무들은 묵연히 이 모든 것을 응시하고 있다. 침묵하고 있는 것은 표현하고 있는 것, 인간들에게 엄숙한 자연의 언어로 응답을 보내고 있는 것이다. 자연 또한 어머니이거늘, 칼릴 지브란은 소설 『부러진 날개』에서 자연 속의 모든 것은 어머니의 증거라고 했다. '태양은 대지의 어머니, 대지는 나무와 꽃들의 어머니, 나무와 꽃들은 그들의 위대한 열매와 씨앗들의 다정한 어머니가 된다.'고 했다.

되짚어 걸어오는 솔바람길에는 솔향기보다 더 진하고 그윽한 향기가 피어오르고 있다. 깊은 숨을 들이쉰다. 삿된 것을 여의고.

잠과 잡념

눈을 떴다. 안방 격자창이 환하다. 문틈을 비집고 들어온 빛이 채근하듯 이마를 간질인다. 벽시계는 9시 50분을 가리키고 있다. 이미 아침이라고 할 수 없는 시각이다. 7시쯤 일어났다가 다시 이불 속으로 파고들었는데 혼곤히 단잠에 빠졌던 모양이다. 마치 만기 제대한 군인이 집으로 돌아와 세상모르고 깊은 잠에 빠지듯.

깨었다가 다시 드는 잠을 그루잠 또는 두벌잠이라고 이

른다. 순우리말로 어감이 부드럽고 좋다. 이 그루잠의 마법에 걸려 낭패를 본 일이 한두 번이 아니다. 중요한 일정을 망치거나 약속 시간을 어겨 체면을 구긴 일은 나를 심적으로 꽤나 힘들게 했다. 자책감이 커다란 바위처럼 두고두고 마음을 짓눌렀다.

집이 조용하다. 비몽사몽 중에 혼자라는 의식이 든다. 가족은 부재중이지만, 주말을 온전히 누릴 자유를 얻은 것에 슬며시 마음이 상기된다. 누군가를 위한 노동이 배제되고, 공간을 채우는 텔레비전 소리와 말소리같이 귀에 걸리는 것이 없으니 평온하다. 이완된 몸을 선뜻 움직이지 못하고 미적대며 누워 있다. 실눈을 뜨고 창 너머 말간 햇살의 감촉을 가늠해 본다.

나는 천성적으로 잠이 적다. 거기다 야행성 기질이라 밤늦게 잠드는 것이 오래된 수면 습관이다. 다음 날의 활동을 위해 애써 잠을 청하지만 그때마다 순조롭지 않다. 졸음기가 감지되어 누우면 거짓말처럼 정신이 또렷해지고 잡다한 생각의 소용돌이에 휘말리고 만다. 베개에 머리만 대면 자는 사람이 참 부럽다. 뒤척이는 나를 방치한 채 시간은 두루마리 화장지 풀리듯 달아난다. 허송 시간은 도깨비같이 뚝딱 밤을 잘라먹는다. 행방이 묘연하던 잠은 야속하게도 날이 샐 무렵에야 살금살금 도둑고양이처럼 찾아든다. 지친 내 심신은 그제야 나무늘보처럼 축 늘어져 깊은 잠의 늪에 빠져 버리고 만다.

어젯밤에도 되지 않은 글줄을 끄적이느라 골몰하다 여명이 스며들 즈음에야 잠자리에 들었다. 인간의 몸은 무엇이 부족하거나 과부하가 걸리면, 균형을 맞추고 회복시키려는 생존 본능이 있다. 안 자려고 바득바득 버티거나 불면으로 컨디션이 저하되면 스스로 자구책을 찾는다. 내 몸을 마취총으로 포획하듯 재워 버린다. 선잠을 자고 일어나면 어림없다는 듯 재차 두벌잠에 빠뜨린다. 금쪽같은 아침 시간을 탈취당한 것 같아 억울하지만 보약 한 사발 들이켰다고 생각하면 된다. 잠이 보약이라 하지 않는가.

남은 공백의 시간을 알토란처럼 채워야 한다. 초등학교 때 방학이 시작되면 그렸던 생활계획표가 떠오른다. 컴퍼

스에 연필을 끼워 시계 모형의 큰 동그라미를 그리고, 가운뎃점에서 시간대별로 선을 긋고 칸을 지어 하루 일과를 적었지. 색연필과 사인펜으로 알록달록 삽화도 그려 넣었지. 정성스레 계획표를 완성하고 나면 이미 방학을 알차게 보낸 것 같은 기분이 들었어. 그때의 동심으로 머릿속에 동그라미를 그려 본다.

할 일은 많고 하루해는 짧다. 감성으로는 빈둥거리며 나른한 사색에 빠지고 싶은데 이성은 박차고 일어나라며 닦달한다. 거실로 나왔지만 다시 소파에 털썩 앉아 넋을 빼고 있다. 누군가 이러고 있었다면 한마디 했을 것이다. 무슨 생각에 빠져 있냐고, 생각의 자유마저 침범하는 우를 범했을 터이다. 벽면에 시선을 꽂은 채 목석이 된다. 명상이나 묵상기도가 아닌, 생각을 일시 멈춘 상태다. 최면술사의 "레드썬!"에 걸린 것처럼.

때로는 아무것도 하지 않는 시간이 필요하다. 무념무상마저 고도의 집중력을 요구한다. 금세 잡념이 끼어들어 백지상태를 깨뜨리고 만다. 아무 감정 소모 없이 잠시만이라도 머릿속을 텅 비우고 있는 건 불가능할까. 꾸역꾸역 피어오르는 잡념에 미혹된다는 것은 외롭다는 증거일까. 외로워져야 비로소 자유로운 것일까.

텔레비전을 켠다. 암울한 사건 사고와 정치적 논쟁으로 떠들썩하다. 채널을 돌린다. 영양가 없고 작위적인 프로그램이 주말 방송 채널을 잠식하고 있다. 갈증과 허기가 느껴진다. 오늘 하려던 일이 스무 가지쯤 되었지 아마? 차근차근 실행하지 못하고 ADHD 아동처럼 주의력 결핍에 불안정한 심리 상태다. 파스칼은 이런 말을 남겼었지. "모든 인간의 불행은 고요한 방에 혼자 조용히 앉아 있는 능력이 결핍된 데에서 비롯된다."

창문을 활짝 열어젖혔다. 멀리 산자락에 내려앉는 햇발은 아카시아 꽃향기처럼 달큰할 것 같다. 오월의 존재감을 발하듯 하늘이 청명하고 산은 푸르다. 공기는 충만하고 바람결은 적당하다. 세상은 여전하니 당신만 정신 차리면 된다는 듯이 빛나고 있다. 하늘을 바라보는 일, 산색의 농담을 살피는 일, 햇살을 응시하는 일, 바람을 음미하는 일, 이보다 소중하지 않은 것은 들어내며 살고 싶다.

시간의 굴레를 벗어나 근처 B대학교로 갔다. 교정 뒤편 조용한 숲길을 여유로운 호흡으로 산책한다. 신록의 향기가 감도는 구불구불 투박한 길을 걷다 보면 거미줄 치던 잡념이 가벼운 사색으로 전환된다. 볕이 반쯤 드리운 잔디구장에는 학생들이 축구 경기를 하고 있다. 힘찬 목청과 탱탱한 공이 지그재그 공중으로 튀어 오른다. 운동장가에 서 있는 키 큰 시계는 오후 3시 언저리로 시곗바늘을 모으는 중이다. 시간은 언제 어디서든 누구에게든 공평하게 일정한 빠르기로 흐르지만, 그 흐름의 체감은 때에 따라 신묘하게도 다르다. 지금 여기, 삽상한 바람과 따사로운 햇살이 머무는 벤치에서는 광속을 다투던 시간이 거북이처럼 더디다. 세월도, 사람도, 느릿느릿 천천히 간다면 좋겠다.

만종 소리가 울려 올 것 같은 저녁이다. 아침에 상기되었던 마음은 식어 가고, 사방 어둑발이 내렸다. 선물처럼 주어진 날에 특별한 일은 일어나지 않았다. 늦잠과 무위와 잡념이 전부다. 쓰잘머리 없고 추상적인 그것들을 글로 구체화한 것, 그것이 내가 소유했던 자유의 작디작은 흔적이다.

오늘 밤은 한 번도 깨지 않고 꿈도 꾸지 않는, 깊은 통잠을 자고 싶다.

에피소드 I

돌연 맞닥뜨렸다. 다분히 고의적이었던 은폐는, 권투의 훅처럼 갑자기 들이닥친 여름의 배반 앞에 전모를 드러냈다. 이제는 구차한 알리바이도 통하지 않는다. 호도되었던 진실이 옷섶 속에서 한껏 눈치를 살핀다. 혐의는 인정하지만 반성의 정도와 정황을 참작하여 내린 판결은 기소유예.

회생의 기회를 이대로 날릴 순 없다. 겨울과 봄, 은폐에

일조한 수상한 점조직을 해체시켜야 한다. 영화에서 본 형사들의 기상천외한 잠복근무는 못 따라갈지라도, 눈 시퍼렇게 뜨고 잠복 경계를 해야 한다. 도처에서 야바위꾼처럼 호시탐탐 미끼를 던진다. 안전지대는 없다.

집이 가장 위험하다. 자석에 끌리듯 주방으로 들어가 맴돌았다. 치사하게 텔레비전에선 먹방으로 약을 올린다. 여우 눈빛으로, 꼬리 아홉으로 현혹한다. 걸려드는 건 순식간이다. 정신을 바짝 잡아매야 한다. 막다른 위기감에 주문을 왼다.

"시험에 들지 말게 하옵소서!"

잠 못 이루는 여름밤을 맨입 다시며 버텼다. 3킬로그램, 코웃음 치지 마시라. 치근대는 식탐을 죽비로 내리치며 금단현상을 극복했느니.

옷가게 점원에게서 버젓이 26인치 라벨이 붙은 바지를 건네받았다. 나는 한사코 만류했으나 그녀의 태도는 확고했다. 하기야 매일같이 고객을 훑는 눈썰미가 사냥매처럼 예리할지도 모르겠다. 그새 내 몸 아래위를 톺아보셨군,

과학수사 아니 과학치수를 들이미는 센스 보소.

"좀 크게 나와서 맞을 거예요."

흠, 몸에 맞을 거라는 추측은 옷 마름질 상태를 기준한 거였군. 굳이 자존심 결리게 하는 발언은 하지 마시지. 희망 고문이지 싫어, 확인 사살이지 싫어, 거부하려 했지만 점원의 입심에 밀려 피팅룸으로 들어갔다. 오, 바지가 맞춤이다. 옷감에 폴리에스터 함량이 높아 신축성이 끝내준다. 전신 거울에 비춰 보았다. 배를 힘주어 집어넣지 않아도 얼추 D자 형은 면한 것 같다.

샤랄랄라 발걸음도 가뿐하게 친구를 만났다. 대면하자마자 대뜸 내뱉는 말,

"얼굴 좋아졌네!"

좋아졌다는 말에 이렇게 낭패감이 들다니. 기준이란 종종 편파적이라는 것, 기준은 결국 자신이 정한다는 것, 자신이 설정한 기준도 신뢰할 게 못 된다는 것, 그 모순의 진리를 새삼 깨달은 것으로 됐다.

사회 통념에 물들어 외모의 기준, 삶의 기준이 턱없이

높아져 있다. 파도에 부딪고 굴러 몽돌이 되듯 생의 곳곳을 돌아 예순 즈음에 다다랐으니 몸도 마음도 둥글둥글하게 사는 것이 맞다.

에피소드 Ⅱ

햄릿 증후군이 있는 우리, 목하 고민 중이다. 이것도 침샘을 자극하고 저것도 비주얼 장난 아니다. 48색 크레파스를 보듯, 다채로운 고명을 얹은 갖가지 빙수에 눈이 휘둥그레진다. 그래, 신세대에 밀려 기죽은 옛날 팥빙수, 너로 정했다. 원조의 치열한 생존을 응원해 줄게. 거의 동시에 나는 옛날 팥빙수를, 그녀는 커피빙수를 골랐다. 반반치킨처럼, 짬짜면처럼 하나를 주문하여 두 가지를 맛볼 수 있다면 선택의 번민은 없을 텐데.

난감하다. 메뉴판을 사이에 두고 감도는 기류는 일순 공동경비구역이다. 내 손가락은 메뉴판 팥빙수 그림을 꾹 찍고 있다. 손가락을 떼면 바로 터져 버릴 수류탄이라도 되는 양 힘주어 누르고 있다. 동시에 의사 표시를 했지만 그녀는 말로, 나는 행동으로 했다. 행동이 더 의욕적이고 능동적인 것 아닌가, 아니다.

"말은 행동이고 행동도 말의 일종이다."(에머슨)

팽팽하게 피어오르는 긴장감이 10초간 지속되었다. 까짓, 조금 더 착한 내가 양보의 미덕을 보이자. 손을 떼며 흔쾌히 커피빙수를 주문했다.

그녀는 얼굴이 밝아졌고, 나도 표정 관리를 하며 말문을 열었다. 서로 가치관과 관심사가 달라 공통 화제가 충분하진 않다. 그래도 사람 사는 이야기 거기서 거기라고 하지 않던가. 감탄사 넣어 반응해 주고, 고개 끄덕여 공감해 주면 어느 결에 마음길이 트인다.

탁자 위 호출기가 빨간불을 깜빡이며 호들갑스럽게 진

동한다. 먼저 양보하지 않은 것이 내심 미안했던지 그녀가 자진하여 가지러 간다. 내려놓는 빙수의 모양새가 적잖이 실망스럽다. 분쇄한 얼음에 커피와 코코아 파우더를 뒤집어쓴 게 고작이다.

"어머, 이렇게 무성의할 수가!"

내 어투는 그녀를 향한 일련의 항의렷다.

"거봐, 별거 없잖아!"는 묵음으로 말했다.

"설마, 속에 무언가 있지 않을까?"

그녀 또한 냉랭하게 응수했다.

스푼으로 빙수 속을 헤집으니 말랑한 인절미가 들어 있다. 호두와 아몬드도 수월찮이 박혀 있다. 달달한 캐러멜도 녹아 있다. 팥 알갱이도 보인다. 암만, 팥이 없다면 섭섭하지.

그녀는 다시 당당해졌고 나는 머쓱해졌다. 이래서 보이는 것이 전부가 아니라는, 겉만 보고 판단하지 말라는 잠언이 존재하나 보다.

빙수 앞에서 무장 해제된 우리는 스푼을 달그락거리며

누가 뺏어 먹기라도 하듯, 허겁지겁 퍼 먹었다. 관자놀이가 얼얼했고 몸이 오싹해졌다. 더위 따위 삼십육계 줄행랑치고 말았다.

판도라의 상자는 온갖 재앙이 쏟아져 나오고 희망만이 남았지만, 우리 앞에 놓인 빙수 그릇은 달콤 쌉싸름한 것들을 비워 내고 밑바닥에 얼룩을 남겼다. 잠시 엇나갔던 우정을 드러내듯.

연인끼리, 친구끼리, 사소한 것으로 싸우고 헤어진다는데 그녀와 나, 빙수 때문에 절교할 뻔했다.

손톱

봄날 한낮이다. 반가운 손님처럼 햇빛이 마루로 성큼 들어와 길게 빛을 드리운다. 마룻바닥에 신문지를 펴고 앉아 손톱을 깎는다. 톡, 톡, 소리와 함께 손톱이 잘려 나간다. 명쾌한 파열음을 내며 몸에서 분리된다. 대체로 손톱은 하루에 0.1mm 정도 자란다고 한다. 사람의 키는 대부분 십 대에서 멈추는데, 머리카락과 손톱 발톱은 사는 날까지 계속 자란다. 그래서 손톱 표면은 건강의 바로미

터라고 할 수 있다. 복숭아 빛깔 같은 연분홍을 띤 손톱을 볼 때면 기분이 좋게 마련이다.

손톱은 신체 중 가장 작은 부분이면서도 여성에게는 미용상 매우 민감한 부분이다. 백화점이나 웬만한 상가마다 네일케어 간판이 쉽게 눈에 띄는 것도 여성들이 손톱에 얼마나 관심이 많은지를 말해 준다. 손은 가장 많이 사용하는 신체일 뿐만 아니라 사람들에게 가장 많이 보여 주는 부분으로 서로 친밀감을 주고받는 역할을 한다. 그래서 고운 손을 지키려고 다듬고 신경을 쓰게 된다.

열흘 가까이 자란 손톱은 주변에 거스러미가 일고 굳은 살도 생겼다. 엄지와 검지, 중지 손톱을 차례로 깎고 약지 차례다. 약지 앞에서 손길을 멈춘다. 손톱에 난 흉터 때문이다. 약지는 처음에 이름이 없어 무명지無名指라고 했는데, 약을 저을 때 무명지를 사용하면서 약지藥指라는 명칭이 붙었다고 한다. 결혼반지를 왼손 약지에 끼는 이유도 그럴싸하다. 왼손 약지의 혈관이 심장과 연결되어 있어 사랑의 정맥이라는 상징성을 부여했다는 설이다. 그러한

데 나는 흉터를 의식해 왼손 약지를 습관처럼 감추면서 살았다.

두 살 때였다고 한다. 아기는 여닫이 문틀을 잡고 있고 언니가 문을 쾅 닫아 버리는 바람에 아기 손가락이 찍히고 말았다. 그날의 상흔으로 내 약지 손톱 한가운데에는 굵은 세로줄이 마치 도로 위 방지 턱처럼 볼록하게 도드라져 있다. 그리고 세로줄 끝부분이 갈라져 있어 틈새에 스웨터 올이 걸리거나 스타킹 올이 나가기 일쑤였다. 살면서 적잖이 신경이 쓰였다. 박완서 소설 『휘청거리는 오후』의 주인공 허성 씨처럼, 공장 절단기를 잘못 조작하여 손가락이 잘려나간 왼손을 깊숙이 감추려고 애쓰는 그 중년 남자처럼, 나도 사람들을 만나면 의식적으로 왼손을 감쌌다. 여성으로서 스트레스가 결코 가볍지 않았다. 따지고 보면 별것 아닌데도 별것이 되어 나를 예민하게 만들었다.

그런데 생각보다 나이 든 사람들 가운데 부상으로 얻은 손톱 기형이 많다. 남성보다는 여성이 더 많은 것 같다. 집안일이며 잡일을 더 많이 하는 때문일까. 시골에서는 벼를 베거나 타작을 하면서 농기구나 농기계에 손을 다치는 경우가 잦다.

오래된 벗 Y를 생각한다. 소탈한 성품의 소유자인 그녀는 왼손 검지 한 마디가 없다. 어렸을 때 아버지가 소여물을 써는 작두에 손가락 한 마디가 잘리고 말았다. 마주 앉아 밥을 먹거나 차를 마실 때면 그녀의 손이 내 눈에 들어오지만, 그녀는 나처럼 숨기지도 않고 전혀 개의치 않는다. 오히려 그 손으로 찻잔을 권하고, 고기를 구워 주고, 포기째 나온 김치를 먹기 좋게 찢어 놓기도 한다. 잃어버린 한 마디의 역할까지 해 주려는 것처럼 멀쩡한 우리들 손보다 더 부지런하고 당당하다. 친구도 나이가 들면서 무덤덤해지고 초연해졌겠지만 젊어서는 마음고생이 많았을 게 분명하다.

고등학교 동기생 K도 마찬가지다. 단발머리에 단정하게 교복을 입은 그녀는 청순한 외모로 시선을 끌었는데, 안타깝게도 손이 선천성 기형이었다. 왼손 엄지 위쪽에 작은 손가락이 하나 더 있는 다지증이었다. 말은 안 했지만 친구들에게 놀림도 받았을 테고, 어딜 가나 뭇사람들의 시선이 얼마나 힘들었을까 싶었다. 그런데 그녀 표정은 의외로 밝았고 평온했다. 굳이 손을 감추려고 애쓰지 않았다. 있는 그대로의 자신을 보여줌으로써 가장 자연스럽고 편안한 관계가 이루어질 수 있다는 것을 두 친구를 통해 생각하게 되었다.

늘 손이 부끄러웠던 나는 때론 언니가 원망스럽기도 했다. 지나고 생각하니 두 살짜리 어린 동생 손가락을 찍히게 한 언니는 두고두고 마음이 아렸겠구나 싶다. 내가 한마디 탓하기라도 하면, 겸연쩍게 빙긋 웃으며 미안하다고 말하던 언니를 떠올리며 가만히 손톱을 매만져 본다. 그동안 새 손톱이 나고, 밀어내고, 수없이 반복하며 굵게 도드라져 있던 세로줄도 얼핏 보면 모를 정도로 엷어졌다. 그렇게 애를 먹이던 손톱 끝부분도 갈라짐이 무디어졌다. 세상의 모든 상처도 그러했으면 좋겠다. 시간이 흐르면 들쑤시던 통증이 수굿하게 가라앉아 주면 좋겠다.

나무의 깊은 옹이를 바라볼 때마다 나무가 많이 아팠을

거라는 생각이 든다. 사람의 가슴에도 저마다 갖가지 옹이 진 자리가 있게 마련이다. 겉보기에 남이 알아차릴 수 없는 옹이가 있다.

특별한 꿈

잡힐 듯 잡히지 않는 게 행운이다. 이미 나의 행복이 행운을 끌어다 쓴 것일까. 여하간 나는 행운이 따르지 않는 사람이다. 기억하기로는 살면서 단 한 번도 응모권 추첨을 통해 경품을 받아 본 적이 없다. 동네 마트 개업일이나 기념일 때, 향우회나 동창회 때, 과자나 라면업체의 이벤트 등등에 내걸린 경품은 언제나 그림의 떡이었다.

내 운은 요행과는 거리가 멀다는 인지와, 사행심이나 한

탕주의가 불러오는 폐해를 알기에 평생 복권 따위는 거들떠보지도 않았다. 나와는 달리 남편은 복권을 더러 사는 편이다. 빨래하려고 주머니를 만지면 한두 장씩 나온다거나 지갑 밖으로 복권 귀퉁이가 삐죽이 보이곤 했다. 나는 로또에 당첨될 확률이 얼마인지 아느냐며 헛돈을 버리는 것에 쓴소리를 했다. 복권은 그저 수많은 범민들의 푼돈을 털어, 천운이 닿은 자에게 떼돈을 거머쥐게 하는 불합리라고 간주했다. 당첨이 불행의 도화선이 된 뉴스를 접하며, 일확천금은 나락의 후폭풍을 몰고 온다고 여겼다.

오늘 새벽, 특별한 꿈을 꾸었다. 평소에 꿈이 많은 탓에 지금껏 별별 희한한 꿈을 많이 꾸었다. 색다른 꿈은 뇌리에 박혀 쉽사리 잊히지 않는다. 레이건 대통령, 김대중 대통령도 꿈에서 만났다. 유명 스타도 꽤 출현했었다. 뉴스에서 본 이미지가 꿈으로 나타났을 개연성이 크지만 그게 어디 흔한 일인가. 그래도 당시 복권에 관심을 갖지 않았다. 한데 새벽에 꾸었던 꿈은 종일 머릿속을 맴돌면서 복권 구매욕을 불러일으켰다. 단호하게 배척했던 사행심의

덫에 결국은 걸려들고 만 것이다.

대체 어떤 꿈이기에 소신이 꺾였냐고? 누굴 봤기에 로또 구매를 자청하느냐고? 바로 월드클래스 손흥민이 꿈속에 나타난 것이다. 잉글랜드 프리미어리그에서 맹활약 중인 득점왕이자, 토트넘 핫스퍼 FC 주장과 대한민국 축구 국가대표팀 주장을 맡고 있는 손흥민 선수. 그의 연봉은 현재 환율로 무려 170억 원, 주급이 3억을 넘는다. 이런 황금 방석에 앉은 손흥민과 눈인사를 나누었으니 마음이 싱숭생숭할 수밖에 없다. 대통령이 등장해도 꿈쩍하지 않던 신념이 손흥민에 뿌리째 흔들렸다.

어영부영 저녁 7시가 훌쩍 지났다. 복권 판매점 문도 닫았을 것 같아 스스로에게 단념을 확인시키며 식탁에 수저를 놓았다. 댕그랑 현관문 풍경 소리와 함께 남편이 귀가했다. 저녁밥을 먹으며 꿈 이야기를 늘어놓았다. 웃으면서 한번 사 보라고 한다. 부창부수 속물주의자들. 당첨일 전날은 8시 넘도록 판매점 문을 열어 놓는다며 따라가 줄까? 묻는다. 오롯이 내 길운으로 사야겠다는 고집에 혼자

나섰다. 멀리서 보니 판매점 벽에 매달린 동그란 간판의 불빛이 환하다.

가게 주인이 마지막 손님을 기다리며 무료한 표정으로 반긴다. 좁은 공간에 다양한 복권이 꽂혀 손길을 기다리고 있다. 자동기로 뽑은 로또 한 장을 샀다. 5천 원이다. 더 살까 망설였지만 오늘 운이 제대로 통한다면 단 하나로도 당첨은 따 놓은 당상. 이제 추첨하는 내일 저녁까지 하루를 기다릴 일만 남았다.

누구나 그렇겠지만 복권을 사면 허황된 상상에 빠지게 된다. 그것이 깨지는 시각까지 상상 속에서 온갖 호강을 누리고 후한 인심을 쓴다. 나름 배분해 본다. 우선 제 집 입주를 앞둔 딸에게 중도금에 보태라고 한몫 건네주고, 아들 몫도 똑같이 결혼 밑천으로 떼어 놓을 작정이다. 자식들에게 물려줄 것은 정신적 자산이라는 걸 알지만 수십 억 당첨금 앞에서 과연 자식들이 정신적 자산만을 바랄까. 모르긴 해도 부모 자식 간에 의가 상하고 말 것이다. 남들 외출하듯이 드나드는 해외여행도 가고 싶다. 핀란드, 이

집트, 볼리비아, 지구본 위에서 나침반이 춤을 춘다. 친정 식구, 시댁 식구도 공평하게 챙기고, 겨울이 다가오는데 어려운 사람들을 위한 성금도 쾌척해야겠다.

어떤 이는 자기만 쏙 빼놓았다고 토라져서 인연까지 끊을지 몰라. 여기저기 한 턱 내느라 날마다 카드 긁기에 여념이 없을 거야. 명색에 한우 투플러스 정도는 쏴야겠지. 소문을 듣고 나쁜 사람들이 몰려와 거짓말과 생떼로 돈을 갈취해 갈지도 몰라. 현관에 이중 삼중으로 잠금장치를 해야 할 터. 길을 가면서도 누가 따라붙는 것 같아 힐끔힐끔 뒤돌아보겠지. 자다가도 벌떡 일어나 식은땀을 흘릴 테고. 신경쇠약으로 소화불량과 불면에 시달려 마침내 극심한 공황장애에 걸리고 말 거야. 나는 복권 사던 전날로 돌아가고 싶다고 후회하며 절규하겠지. 그야말로 행복했던 삶이 불행한 삶으로 인생 역전되는 거지.

시계를 본다. 토요일 저녁 8시 35분이다. 드디어 추첨 시간이 도래했다. TV를 켰다. 어찌된 일인지 해당 채널에선 지역방송이 나오고 있다. 이리저리 찾다 시간이 지나가 버렸다. 헛꿈 깨라는 복선인가, 대박을 위한 우여곡절인가. 다시 인터넷에 접속했다. 1090회 로또 당첨번호가 새뜻하게 떠 있다. 뭔가 예감이 좋다. 하나씩 번호를 맞춰 보며 맞는 번호에 동그라미를 쳤다. 12, 19, 21, 40, 헉! 첫 줄에서 무려 번호 넷이 들어맞았다. 여섯 중에서 둘은 헛방이다. 이쯤이면 당첨금이 적어도 수백만 원? 갑자기 심장이 빨리 뛰기 시작했다.

에잇, 4등이다. 당첨금은 5만 원이다.(1등은 약 24억 원) 어마어마한 연봉을 받고 있는 손흥민이 일면식도 없는 내게 5만 원의 적선을 베풀었다. 눈인사만 나눌 게 아니라 와락 포옹이라도 했더라면, 1등이라는 황금 골망을 흔들었을까.

욕심을 부리면 적은 돈이고, 감사하는 마음이면 큰돈이다. 로또 1등의 확률은 814만 분의 1이라고 한다. 비현실적인 가능성에도 사람들이 도전을 멈추지 않는 것은 자신의 삶에 끊임없이 동기 부여를 하고 있다는 의미일지도 모르겠다. 복권을 사는 건 매일 반복되는 일상에 한 줌 생기와 재미를 더하는 일이다. 며칠을 기대감으로 설렜다면, 즐거운 상상과 달콤한 고민을 만끽했다면, 그것으로 복권은 긍정적 역할을 다했다. 잠시나마 행복을 선물해 주었기 때문이다.

저 바다는 기억하고 있을까

칠월의 한낮이다. 뙤약볕이 유리 파편처럼 날카롭고 따갑다. 한여름 태양보다 더 강렬한 섬광으로 빛났던 한 남자를 생각한다. 그에게로 가는 길이다. 그는 가난과 절망의 벼랑에서 몸부림쳤던 비운의 화가 이중섭(1916-1956)이다.

제주 서귀포, 이중섭 거리로 들어섰다. 몇 걸음 오르다 보면 콘크리트와 슬레이트 지붕의 아기자기한 공방들 사이에 나지막한 초가집 한 채 앉아 있다. 돌담과 어우러져 소박하고 정겨운 정취를 자아낸다. 마당가에 이중섭의 거주지였음을 알려 주는 나무 푯말이 장승처럼 서 있다. 담쟁이로 덮인 돌담 너머로 아담하고 정갈한 집채가 보인다. 제주 특유의 대문인 정낭이 모두 땅에 내려져 있다.

제주에는 대문 역할을 하는 정낭이 있다. 집을 드나드는 길목에 정주석을 세우고 세 개의 구멍을 뚫어 굵고 기다란 나무막대를 걸쳐 놓은 것이다. 세 개의 정낭 중에 몇 개가 걸쳐 있느냐에 따라 집주인의 거취를 알 수 있다. 세 개 모두 걸쳐 있으면 멀리 외출하여 며칠 후에 돌아온다는 뜻이고, 두 개 걸쳐 있으면 이웃마을에 외출하여 오늘 중으로 돌아온다는 뜻이며, 하나만 걸쳐 있으면 잠시 외출하여 금방 돌아온다는 뜻이다. 이중섭 거주지의 정낭은 주인이 집에 있으니 들어와도 된다는 표시다.

정낭을 넘어 마당에 들어섰다. 단정한 초가집 맨 오른쪽 구석방이 이중섭 가족이 기거하던 방이다. 찾아오는 이들이 들여다볼 수 있도록 개방되어 있다. 구석에 달린 나무문을 열면 1.9평의 부엌과 1.4평의 쪽방 하나가 붙어 있다. 거주지에 대한 안내판에는 이렇게 적혀 있다.

'이곳에서 이중섭 가족은, 1.4평 정도의 작은방에서 서로의 숨소리를 들으며 찬 없이 밥을 먹고, 고구마나 깅이(게)를 삶아 끼니를 때우는 생활이었지만, 웃으면서 살 수 있었던 가장 행복했던 시절이었다.'

이중섭은 일본 유학시절 일본인 아내 이남덕(야마모토 마사코)을 만난다. 일제 패망을 목전에 둔 1945년 그녀와 결혼하여 원산에 정착한다. 그곳에서 광복을 맞이하였고, 1950년 6.25 전쟁 중에 아내와 두 아들을 데리고 피난길에 오른다. 부산을 거쳐 이곳 제주 서귀포에서 어렵사리 묵을 방 한 칸을 얻어 머무르게 된다.

행복도 일 년 남짓, 생활고와 현실적인 문제로 아내는 아이들을 데리고 일본으로 떠날 수밖에 없었다. 이중섭은 극도의 고독과 가족에 대한 그리움으로 상심의 세월을 보내게 된다.

'소의 화가'라는 말은 이중섭을 따라다니는 대표적 수식

어다. 울부짖고, 싸우고, 피 흘리고, 떠받으려는 그림 속 소의 형체는, 자기긍정과 자기부정의 내면을 드러낸 이중섭 자신의 자화상이면서 민족의 시대적 현실을 상징한다고 할 수 있다. 시작詩作에도 능했던 그는 제주의 쪽방 벽에 한 편의 시를 적어 붙여 놓았다. 이중섭의 기상과 고뇌가 느껴지는 시다.

높고 뚜렷하고
참된 숨결
나려 나려 이제 여기에
고웁게 나려
두북두북 쌓이고
철철 넘치소서
삶은 외롭고
서글프고 그리운 것
아름답도다 여기에
맑게 두 눈 열고
가슴 환히
헤치다

서늘해진 마음을 여미어 발길을 옮긴다. 이중섭 거주지 옆에는 이중섭 미술관이 자리하고 있다. 전시되어 있는 그림은 몇몇 소재에 한정되어 있다. 소와 가족과 물고기, 게, 닭 등이다. 당시 생활권에서 흔히 대할 수 있고 관찰하기도 용이한 소재들이다. 대표적인 소 그림은 부리부리한 눈망울과 주황색의 강렬하고 선명한 색채, 굵은 선의 터치로 힘차고 생동감 있는 소의 움직임을 표현하고 있다.

소만큼이나 압도적으로 등장하는 작품의 모티프는 아이들이다. 물고기나 게와 어우러진 벌거벗은 아이들의 천진난만한 모습을 그림에 많이 담았다. 가족과 동고동락하던 제주도의 일상과 바다 너머에 살고 있는 아내와 재회할 수 없는 암울한 나날이 온통 그리움으로 되살아나고 있다. 마음속은 전쟁터지만 그림은 대부분 경쾌하고 평화롭고 희망적이다. 우리가 쉽게 말하는 그립다는 감정, 보고 싶다는 감정이 이중섭에게는 피를 토하는 뜨거운 절규였음을 가늠해 본다.

지독한 결핍의 삶이었다. 미술 재료를 구할 수 없었던

그는 담뱃갑의 은박지에 펜이나 뾰족한 도구로 긁어 선묘로 표현한 은지화를 많이 그렸다. 나무판자나 장판, 엽서에도 그렸다. 사랑과 삶을 가로막는 현실의 굴레 속에서도 그림에 대한 신념과 열의는 굳건하고도 뜨거웠다. '꿈꾸지 않는 자에게는 절망도 없다.'는 조지 버나드 쇼의 명언이 떠오르는 시점이다.

그림들을 감상하고 미술관 3층 옥상으로 올라갔다. 옥상에서 바라보이는 시야는 그림 '섶섬이 보이는 풍경'에서의 구도와 똑같다. 이중섭은 미술관과 거주지가 자리한 이쯤, 완만하게 경사진 언덕배기에 앉아 섶섬이 보이는 풍경을 그렸으리라. 그림은 고요한 바다와 섶섬, 옹기종기 초가집 사이에 녹갈색 소나무와 잎 떨어진 앙상한 나목 두어 그루가 담긴 한갓진 해안가 마을 풍경이다. 지금 미술관 옥상에서 내려다보이는 전경에는 바다와 섶섬은 그대로이나 현대식 건축물들이 빼곡히 공간을 채우고 있다.

1951년 이중섭이 바라보았을 바다를, 섶섬을, 하늘을 바라보고 있자니 묘한 감정이 밀려온다. 바다 위로 자옥하게 해무가 깔리듯 특별한 풍경 앞에서 모정慕情의 설렘이 번져 와야 할 텐데, 파도가 밀려들듯 아릿한 슬픔이 차오른다. 한여름 땡볕이 아닌 가을의 따스한 볕살 아래였다면 아마 조용히 눈물이라도 닦아야 했을지 모르겠다.

이중섭은 영양실조와 정신이상 증세로 여러 병원을 전전하다 적십자병원에서 홀로 숨을 거둔다. 푸르른 나이 40세에.

이상과 현실의 간극 앞에서 몸부림쳤을 그를 저 망망한 바다는 기억하고 있을까. 고독한 작은 섬, 섶섬을 바라보며 읊조려 본다. '삶은 외롭고 서글프고 그리운 것'이라고….

제 3 부

봄이 전하는 굳건한 약속을 믿기에

보호색을 입다

얼갈이배추 한 단을 풀어헤친다. 싱싱한 풋내가 확 퍼진다. 시골 텃밭에서 갓 솎아온 것이라 뿌리에 축축한 흙이 묻어 있다. 흙냄새도 향기롭다. 얼갈이배추는 이름부터 다른 채소와 변별성을 갖는데, '얼갈이'는 계절이 어긋나는 때에 재배하는 것을 말한다. 삼사월에 파종하여 오뉴월에 수확하는 봄 재배가 있고, 팔구월에 파종하여 가을 내내 수확하는 가을 재배가 있다. 요즘이야 어지간한 품

종은 하우스 재배가 가능하고 저장 기술도 발달하여 사시사철 시장에서 구입할 수가 있지만, 그렇다 해도 제철 채소가 으뜸이다. 제철의 감칠맛을 자랑하는 얼갈이배추는 김치뿐만 아니라 다른 반찬으로도 다양하게 해 먹을 수 있다. 겉잎은 된장 풀어 국을 끓이거나 배추전을 부쳐 먹기도 하고, 속잎은 데쳐서 무치거나 상큼한 겉절이로 입맛을 돋울 수 있다.

싱싱한 풋내를 즐기며 얼갈이배추를 다듬다 화들짝 놀라 손을 멈춘다. 아주 작은 벌레 한 마리, 배춧잎과 똑같은 연둣빛 벌레가 배춧잎에 찰싹 달라붙어 들키지 않으려고 숨을 죽이고 있다. 말 그대로 제 생명을 지키기 위해 눈에 띄지 않도록 몸 색깔을 배춧잎과 똑같이 만든 보호색이다. 누구나 다 아는 사실이지만 한낱 미물도 제 몸, 제 생명을 보호할 줄 아는 본능이 있고 기능을 가졌다는 게 새삼 신통하고 경이롭다.

들길을 걷다 보면 봄, 여름엔 여치나 방아깨비, 메뚜기, 풀무치 같은 녹색을 띤 곤충들을 보게 된다. 가을이면 그들은 다시 들풀을 닮아 갈색을 띤다. 눈치도 빨라서 사람 기척이 나면 미동도 없이 잠복상태를 유지한다. 그럴 때면 발을 굴러 깜짝 놀라게 하고 싶은 장난기가 발동하지만 못 본 척 넘어가 준다. 내친김에 자연 생태계에 존재하는 보호색을 생각해 본다. 관목이나 풀잎 위에 서식하는 청개구리는 관목이나 풀잎을 따라 몸빛을 바꾼다. 나무에 붙어 있는 밤나방은 수피처럼 암자색이나 갈색을 띠고, 나방의 애벌레는 대부분 녹색이어서 푸른 잎에 있어도 눈에 띄지 않는다. 산림에 서식하는 들꿩이나 표범, 하얀색의 북극여우, 모래색인 사막여우 등도 보호색을 가졌다.

바다에 사는 물고기들도 보호색으로 제 생명을 사수한다. 문어는 위험을 느끼면 순식간에 몸빛을 바꾼다. 표층에 무리를 지어 이동하는 물고기들은 바닷새의 공격을 피하기 위해 등 쪽은 바다색처럼 검푸르고, 배 쪽은 윤슬처럼 은백색을 띤다. 물속에서 해면을 올려다보면 햇빛이 투과되어 은백색으로 반짝이는 탓에 구분하기 어려워 포식자들의 먹잇감이 되는 것을 피할 수 있다. 물가 바윗돌

틈새나 자갈돌 위에 낳아 놓은 물새 알은 돌인지 알인지 언뜻 봐서는 알아차리기 어렵다.

뭐니 뭐니 해도 보호색으로 유명세를 떨친 것은 카멜레온이다. 전문가들의 말을 빌리면 주위 환경뿐 아니라 빛의 강약, 온도, 감정의 변화에 따라 몸빛이 달라진다. 초록색 나뭇잎 사이에 있으면 초록색으로, 갈색 나무줄기에 있으면 갈색으로 바꾼다. 그래서 수시로 자기 신념이나 지조를 바꾸는 사람을 카멜레온에 빗대기도 하는데 대표적으로 정치인들이 여기에 속한다. 그들은 권력을 좇아 색을 바꾸는 철새들로 유명하다. 뜻을 같이하던 동지가 어느 날 반대편에 서서 목청을 높이고, 원색적으로 맹비난하다 언제 그랬냐는 듯 서로 악수하며 웃는다. 그러다 또 멱살잡이를 한다.

권력에 따라 변하는 정치인뿐만 아니라 일반인에게서도 얼마든지 카멜레온적인 보호색을 발견할 수 있다. 어떤 이해득실을 따라 강자에게 기울어지는 태도, 강자를 위해 정의를 외면하는 태도, 불의를 변호하고 약자를 비판하는 태도를 취한 사람들이 얼마나 많은가.

한편 사람에게는 아름다운 보호색도 있다. 한결같은 사람, 그의 순수한 내면이 외면으로 발현되는 사람, 없는 듯이 침묵하고 있어도 중요한 말을 하는 사람, 꾸미지 않아도 지성미가 우러나고 신뢰를 주는 사람, 함께 이야기하고 싶고 가까이하고 싶어지는 사람, 그렇게 은근한 매력을 발산하는 사람은 분명히 아름다운 보호색을 가진 사람이다.

그렇다면 나의 보호색은 무엇인지 생각해 본다. 돌이켜 보면, 그동안 본의든 타의든 주변 환경에 흡수되어 그들에 동조하며 내 생각, 가치관, 나다움을 포기하거나 잃어버릴 때가 많았다. 친구가 내 옷을 가리켜 주로 무채색이라며 원색도 입어 보라고 권한다. 내가 무채색을 선호하는 것은 남의 눈에 잘 띄고 싶지 않아서이다. 그것도 일종의 보호색인지 모르겠다. 그렇다면 나의 보호색은 회색이고자 한다. 회색은 중간색, 중용의 색이다. 강렬하고 현혹적인 색을 부드럽게 중화시키고 어우러지게 하는 색이다. 흑백, 이분법으로 분별하지 않고 온건한 중간색으로 사는 것도 방법이니까.

아니다, 난 이미 시시때때로 채색을 거듭하며 살아왔다. 앞으로의 보호색과 변신이 무엇일지 궁금해진다. 배추벌레가 배춧잎으로 통통하게 살을 찌워 배추흰나비가 되어 날갯짓하게 될 날을 꿈꾸듯이, 나도 싱그러운 연둣빛은 아닐지라도 새로운 보호색을 입고 또 다른 변신의 나를 꿈꾸어 본다.

아무튼 동물들의 보호색은 살아남기 위해 상대를 속이는 속임수이다. 나에게 들켜 버린 어린 배추벌레를 지그시 바라본다. 계속 죽은 척 엎드려 있다. 차마 쓰레기통에 집어넣을 수가 없다. 시골 텃밭 흙으로부터 도심 고층 아파트까지 따라온 인연이 기꺼워 아파트 화단에라도 방생해 주고 싶다. 벌써 내 눈에는 소리 없는 날갯짓, 배추흰나비가 하늘하늘 날갯짓을 한다.

쌀이 떨어졌다

쌀통이 비었다. 결혼 30년 차에 처음 맞닥뜨린 일이다. 집에 쌀이 똑 떨어졌을 때의 당혹감과 이내 엄습하는 불안감을 새삼 실감하며 흑백사진 같은 지난날을 떠올린다. 쌀이 떨어졌다는 것은 나에겐 의미심장하게 와닿는 일이다. 그것은 한 집안 살림이 위기에 직면한 비상사태라고도 할 수 있기 때문이다.

어릴 적, 집에 쌀이 떨어지는 걸 종종 목격했다. 아버지가 병원비로 가산을 날리며 세상을 뜨시고, 어머니가 생계를 꾸려 나가며 얼마 동안 땟거리 걱정을 달고 살았다. 식솔이 많은 데다 학교에 도시락을 싸 가던 시기라 가마솥에 불을 때어 아침밥을 한 솥씩 했었다. 아침을 먹고 나면 부뚜막에 차곡차곡 쌓인 양은 도시락을 각자 챙겨 갔다. 저녁은 밥 대용으로 갱시기를 많이 끓여 먹었다. 갱시기는 경북 지역의 별미 음식이다. 당시에는 별미 개념이 아닌 양을 불려 끼니를 해결하는 수단이었다. 김치와 콩나물을 넣은 시뻘건 국물에 감자, 국수, 라면, 수제비, 찬밥 등 있는 것 잡다하게 넣어 끓이면 걸쭉한 죽 같아 갱죽이라고도 부른다. 오래 먹으면 질릴 만도 한데 나는 지금까지도 얼큰한 갱시기를 즐겨 해 먹는다.

밥 대신 가루음식으로 때워도 쌀독은 금세 가벼워졌다. 손가락 사이로 모래알이 빠져나가듯 쌀이 쑥쑥 줄어들어 어느 틈에 바닥 긁는 소리를 냈다. 동네엔 쌀집이 없어 정미소에 가서 찧어 놓은 쌀을 한두 말씩 사다 먹었다. 쌀값이 마련될 때까지 이웃집에서 빌려다 먹는 일이 수시로 있었다. 어머니가 양식을 꾸러 나설 때는 밝은 낮을 피했다. 땅거미가 깔리고 나서야 마실 가듯 슬며시 나가셨다. 30촉 백열등에 비친 어머니의 수심 가득했던 얼굴은 지워지지 않는 잔상으로 아른거린다. 어머니에게는 밥때가 가장 두려운 시간이었으리라. 쌀독을 채우기 위해 쌀알만큼이나 많은 땀과 눈물방울을 흘렸을지도 모른다. 우물처럼 고였을 속울음을 짐작만 할 뿐이다.

나는 쌀 떨어지는 게 두렵고 불안했다. 서울에서 자취생활을 할 때에도 미리 사 두고 먹었고, 결혼 후에는 감사하게도 시부모님이 농사지은 쌀을 넉넉하게 주신 덕에 양식 걱정 없이 살았다. 시중 쌀을 다시 사 먹기 시작한 건 몇 년 되지 않는다. 요 며칠 신경 쓸 일이 호번하여 일용할 양식이 동이 나는 줄도 모른 채 정신을 놓고 있었다. 당장 저녁밥을 해야 하니 부랴부랴 쌀을 사러 마트에 갔다.

곡류 매장에 전국 산지에서 온 쌀이 진열되어 있다. 쌀도 세상 이치에서 예외일 수 없다는 듯 서열을 매겨 줄지어 놓은 모양새다. 토양과 기온이 다르고 물, 햇빛, 바람,

자연 조건에 따라 그리고 농법에 따라 품질의 편차가 나고 우열이 가려지는가 싶다. 임금님께 진상하였다는 여주쌀, 이천쌀은 여전히 이름을 드높이며 왕좌를 차지하고 있다. 포대에 용안이 그려진 '대왕님표', '임금님표'라는 상표가 찍혀 있고, 곤룡포 용무늬가 들어가 있어 은근히 눈길을 끈다. 두 지역의 쌀에 대한 자긍심은 대단한 듯하다. 문득 임금님이 드시던 귀한 쌀을 나 같은 평민이 먹어도 될까 하는 위화감이 들었다. 상품에 대해 잘 모르면 제일 비싼 것으로 사라는 우스갯소리가 있지만 알뜰한 주부는 주먹구구식으로 구매하지 않는다. 살피고 따져서 가격 대비 효용 가치가 높은 소비를 추구한다. 쌀 포대에 골프공만 한 동그란 투명창이 있어 알곡의 상태를 들여다볼 수 있다. 쌀알 크기가 고르면서 모양이 통통하고, 투명하면서 반질반질하면 영락없이 품질 좋은 쌀이다. 이런 쌀로 밥을 지으면 꿀통에 담갔다 꺼낸 것처럼 윤기가 흐르고 부드럽고 쫀득한 식감과 고소한 맛을 느낄 수 있다. 게다가 압력밥솥의 기능으로 웬만한 국산 쌀은 다 찰지고 밥맛이 우수하다. 사계절을 품은 기름진 평야에서 모가 자라고, 푸른 물결, 황금물결로 출렁이다 알곡을 쏟아냈으니 영롱하지 않은 쌀이 어디 있을까.

소란스러운 물가에 비해 쌀값은 유순한 농심을 닮았다. 후쿠시마 핵 오염수 우려로 품귀현상을 빚고 있는 소금 값보다 저렴하다. 20kg짜리 한 포대를 샀다. 손으로 알알이 세자면 백 년이 걸려도 모자랄 것 같은 무수한 쌀알이 작은 진주알처럼 반짝이며 담겨 있다. 쌀 米 자를 달리 풀이하면 88번의 손길이 간다는 뜻이라 하지 않는가. 오죽하면 자식 키우는 일을 자식 농사라고 말하며 농사에 빗대었을까. 농부가 쏟은 정성을 생각하면 밥을 함부로 버리지 못한다. 요즘 사람들은 밥을 귀하게 여기지 않는다. 살찐다며, 배부르다며, 건강에 이롭지 않다며, 갖가지 이유로 밥을 기피하고 홀대한다. 국민 쌀 소비량은 매년 지속적으로 감소하고 있다. 간편한 식사와 서구화된 음식을 즐기기 때문이다. '한국 사람은 밥심으로 산다'는 말도 이제 옛말이 되었다.

포대에 그득한 쌀을 보니 먹지 않아도 배가 부르다. 어머니도 그랬을 것이다. 자식들 먹는 얼굴을 바라보는 것만으로도 흡족하여 허기를 잊었을 것이다. 스텐 바가지에 쌀을 담아 수돗물을 받는다. 파도에 씻기는 자갈돌이 재갈재갈 부딪히는 소리 같은 쌀 씻는 소리가 경쾌하다. 쌀뜨물을 따라내며 한 톨이라도 딸려 나가지 않게 나붓나붓 손놀림을 조심한다. 맛깔스러운 찬이 따로 없더라도 갓 지은 고슬고슬하고 쫀득한 밥 자체가 숨은 밥도둑이다. 나는 식탐을 부려 밥 한 그릇을 뚝딱 먹어 치운다.

어머니의 부재가 불쑥불쑥 허기로 찾아올 때, 나는 그리움을 달래듯 쌀밥을 먹는다. 맨밥을 꼭꼭 씹으며 단맛을 음미하듯 당신의 온기와 사랑을 다시금 곱씹는다. 타임머신을 타고 시간 여행을 할 수 있다면 나는 1970년대로 날아가 꼭 하고 싶은 일이 있다. 어머니가 한숨으로 채우던 빈 쌀독에 그야말로 화수분처럼 퍼내어도 퍼내어도 줄지 않는 쌀을 그득히 채워 드리고 싶다.

돌이켜 보면 물질적으로는 풍족하지 못했지만 정신적

으로는 풍요로웠던 시절이었다. 걸림돌이었던 가난이 평생 검소하고 성실하게 살아가게 하는 디딤돌이 돼 주었다. 그때를 그리며 나의 쌀독에도 새뽀얀 진주알 같은 쌀을 한가득 채운다. 쌀은 나에게 육신의 양식뿐 아니라 마음의 양식이다.

관객

산색이 변하고 있다. 짙푸르게 부풀어 오르던 산이 숨을 고르며, 다채로운 색으로 천천히 탈바꿈하고 있다. 가을을 지나며 산이 베푸는 단풍과 억새의 향연에 한 번쯤 관객이 되지 않으면 자못 허허롭고 섭섭한 게 본능이다. 어물거리다가는 이내 조락을 맞이하고 만다. 자연의 순환은 결코 기다려 주지 않기 때문이다.

친구가 가을 산행을 제안했다. 마침 억새밭이 눈에 아

른거리던 참이라 억새 군락지로 명성이 나 있는 승학산으로 가자는 뜻을 모았다. 날짜도 단번에 정했다.

우리는 이름도 예쁜 꽃마을 앞에서 만났다. 승학산을 오르는 길은 여러 갈래가 있지만, 대체로 완만하고 수월한 대신동 꽃마을 쪽을 들머리로 삼았다. 산길이 하나가 아니듯 삶의 여정에도 수없는 갈림길이 있다. 조금 둘러 가게 되더라도 묵묵히 가다 보면 결국은 같은 목적지에 도달하는 것 또한 다르지 않다. 질러갈 때에 놓칠 수 있는 소중한 것들을 발견하기도 하고, 둘러 가면서 더 생각하고 사색하게 된다.

진입로 비탈 아래로는 콘크리트 옹벽을 따라 낙서 좋아하는 사람들의 언어유희가 난무했다. 동굴 벽에다 기억의 수단으로 그림문자를 새겼던 태고의 향수 때문일까, 예나 지금이나 인간은 흔적 남기기를 잊지 않는다.

자연은 우리의 언짢아진 기분을 금세 유화적으로 만들어 준다. 바삭한 시월 볕살은 어깨 위에서 사뿐거리고, 구불구불 이어지는 투박한 흙길은 특유의 정감을 자아낸다.

수풀 속에는 때 아닌 철쭉이 한 무더기 피어 있고, 때를 잘 맞춘 쑥부쟁이와 구절초도 무리 지어 함초롬히 피어 있다. 저절로 피는 꽃은 없으리라. 그들도 피어나기 위해 안간힘을 쓰고 속울음을 삼켰을 게다. 햇살과 바람과 비를 머금고 표피로 미세한 흐름을 감지하며 때를 기다렸을 터이다. 여기 고독한 나무들도 한자리에 말없이 뿌리를 내려 섭리를 따랐으니 굵어진 둥치만큼, 나이테만큼 생각이 깊어 있을 것이다.

쑥부쟁이와 구절초를 헷갈려하는 친구에게 시골내기인 내가 아는 척을 했다. 송이가 작은 연보라색 꽃이 쑥부쟁이고, 송이가 큰 흰색 꽃이 구절초라고.

> 쑥부쟁이와 구절초를
> 구별하지 못하는 너하고
> 이 들길 여태 걸어왔나니
>
> 나여, 나는 지금부터 너하고 절교다!
>
> – 안도현 「무식한 놈」 전문

퍼뜩 시 한 편이 떠오르는 시점이다. 나는 쑥부쟁이와 구절초를 구별하였으니 적어도 나와의 절교는 선언하지 않아도 되겠구나 싶어 슬며시 웃음이 나왔다.

우리는 정취에 마음을 뺏겨 갈림길에 세워진 이정표를 무심히 지나쳐 버렸다. 꽃은 구별했지만 산에 헷갈려 승학산과 맥을 나란히 한 구덕산으로 접어들고 말았다. 그래, 다른 길로 간다고 해서 길을 잃은 것은 아니다. 산은 산으로 이어지고 길은 길로 통하니까. 다시 살피고 인지할 여지를 주니 이 또한 작은 깨달음이고 산행의 묘미가 아니겠는가. 구덕산 쪽으로 방향이 잡힌 김에 구덕산과 형제처럼 붙어 있는 시약산까지 가 보기로 했다.

목적하지 않았던 곳이지만 발아래 펼쳐진 멋진 풍광에 예기치 않은 선물을 받은 것처럼 환호하며 마음이 오롯이 사로잡힌다. 산중턱에서 가마득히 내려다보이는 부산항과 남항, 감천항의 전경이 한눈에 조망된다. 바위섬에 붙어 있는 따개비처럼 건물들이 뭍 위에 다닥다닥 붙어 동네를 이루고 있다. 뭍과 뭍을 잇는 여러 대교는 바이올린 활처럼 가느다란 직선으로 바다 위에 가로놓여 있고, 크고 작은 배는 반짝이는 윤슬 위에 점점이 떠 있다. 산은 바다를 끌어안고 바다는 산을 등에 업고 서로 맞닿아 든든하고 정겹다. 산과 바다에 살포시 드리워져 있는 하늘마저 티 한 점 없이 파란빛을 발하고 있어 금방이라도 만물이 물들어 버릴 것 같다.

쏟아지는 햇살에 가뭇없이 사라진 수평선을 훑다가, 몸을 돌려 갈림길로 되돌아왔다. 승학산 억새 평원으로 다시 발걸음을 옮긴다. 멀리서 바라보기에는 민둥산처럼 보이는데 가까이 당도해 보니 억새풀이 우거져 그리 보였던 모양이다. 예전 명성을 떨쳤던 찬란한 은빛 물결을 예상한다면 다소 낭패를 본다. 번식력이 강한 덩굴과 잡풀에 뒤덮여 형색이 점점 초췌해지고 있다. 식물도 약육강식이다. 그래도 억새가 다옥하여 유난히 운치 있는 배경에는 등산객들이 사진을 찍느라 떠들썩하다.

나무 말뚝에 밧줄을 매어 경계를 둔 오솔길에 서서, 너울대는 억새 능선을 굽어보며 잠시 생각에 잠긴다. 연한 바람 한 자락에도 흔들리는 가늘고 약한 풀대에 불과하지만, 한데 어우러져 자욱한 풍경을 펼치는 억새의 군집성과 풀뿌리 근성을 예찬하고 싶다. 사람은 홀로 우뚝 서려고 하고, 사람과 사람과의 완전한 소통과 조화를 만들어 내지 못하지만 억새풀은 그렇지 않다. 어느 하나라도 넘어지는 것을 허용하지 않는다. 서로의 허리를 감싸 안고 촘촘하게 스크럼을 짜서 바람을 버텨 낸다. 같이 기울어지고 같이 흔들리다 다시금 꼿꼿하게 힘을 지탱한다. 그리고 그들의 존재를 몸짓과 소리로 격렬하게 표현한다. 어쩌면 싸락눈 내리는 소리와도 같고, 사각사각 연필 소리 같기도 하다. 때로는 칼날이 부딪치는 서늘한 소리를 낸다. 그것을 마주한 내 감정선에 따라 미묘하게 느낌이 다르다고 해야 할까. 자연의 언어는 언제라도 부드럽고 명랑하게 들려오길 염원한다.

가을 산의 넉넉한 축복을 누리고 서 있노라니, 평온하다. 잡념이 사라지고 마음에 위안이 되는 듯하다. 가을은 홀로여도, 함께여도 삶을 관조하기에 더없이 좋은 계절이다. 소나무 아래에서 잠시 다리쉼을 하고 다시 돌아갈 채비를 했다. 돌아갈 곳이 있다는 것은 또 얼마나 커다란 축복인가. 자연과 삶에 감사하는 마음으로 산을 내려오기 시작했다. 산색은 시나브로 붉어지고 있다.

고슴도치

직장 때문에 타지 생활을 하는 아들이 집에 왔다. 내일이 입춘이건만 입춘 추위에 장독 깨진다는 속담대로 아침저녁으로는 영하권을 넘나드는 날씨가 이어진다. 그런데 아들은 가벼운 재킷을 입고 있다. 제 딴엔 한발 앞서 봄을 느끼고 싶은가 보다.

간절기에는 기온의 편차가 심해 감각이 예민해진다. 이 삼월에 입는 옷차림은 자꾸 어긋나기 일쑤다. 두껍게 입으면 둔해 보이거나 계절 감각이 무딘 사람으로 보일 테고, 봄 기분 낸다고 얇게 입으면 옷깃을 파고드는 소소리 바람에 오슬오슬 떨게 된다.

이십 대 후반인 아들은 패션에 관심이 많아 월급에서 옷값으로 지출되는 비중이 적지 않아 보인다. 경제적으로 독립하면서부터는 자신이 번 돈으로 마련하는 것이니 잔소리를 삼가고 있다. 굳이 입 떼지 않아도 요즘엔 밥벌이의 고단함을 체득하고 있는 때문인지 이전보다는 훨씬 구매 욕구를 절제하며 사는 듯하다.

돌이켜 보면 아들은, 감수성이 풍부해지고 자의식이 강해지는 십 대부터 외모에 꽤나 민감했다. 키나 얼굴 생김새 같은 타고난 조건은 차치하고, 나름 신경을 쓰면 변모를 꾀할 수 있고 개성을 드러낼 수 있는 옷차림에는 부산사투리로 깔롱을 부렸다. 고등학생 때 평일은 교복을 입었지만 휴일에는 사복 차림으로 등교를 했다. 옷장 문을 열고 이것저것 입어 보느라 꺼내 놓은 옷이 볏가리처럼 쌓였다. 그때마다 입을 게 없다는 둥, 평범한 것뿐이라는 둥

구시렁거렸다. 내가 보기에는 톡톡 튀는 독특한 스타일은 아니지만 무난하면서 세련된 옷들이 구색 맞춰 입기에 부족함이 없는 듯한데, 아이는 성에 차지 않는지 옷타박을 했다.

청소년들의 과시욕, 허영심이 어른들 못지않다. 오죽하면 그들이 선호하는 값비싼 브랜드를, 부모 등골 휜다는 뜻으로 '등골 브레이커(Breaker)'라고 일컬었을까. 언젠가 뉴스에서 의류 소비자가의 허와 실에 대해 보도한 적이 있다. 라벨에 표시된 가격에서 원가는 극히 낮은 퍼센트를 차지하고, 나머지는 광고비, 유통 마진, 재고율을 계산한 가격이라고 한다. 의류의 신제품 책정가는 지나친 거품 비용을 포함하고 있음을 알 수 있다. 원가가 낮은 상품을 터무니없는 가격에 판매하는 경우도 많다. 그러하니 갓 출시된 신상품을 에누리 없이 제값을 다 주고 사면 된통 바가지를 쓴 것 같아 뒤끝이 씁쓸해진다.

베블런 효과(Veblen Effect)라는 경제 이론이 있다. 소비재의 가격이 오르는데도 과시욕이나 허영심으로 인해 수요가 줄지 않고 오히려 증가하는 현상을 말한다. 기업체들은 베블런 효과를 마케팅에 이용하여 고가 전략으로 소비자들의 심리를 자극한다. 경제 상황이 악화되어도 백화점 명품 매장에 오픈런(Open Run)이 지속되는 경향이 이를 말해 준다. 파노플리 효과(Panoplie Effect)도 마찬가지다. 특정 상품을 가지고 있으면 그것을 소비하는 특정 집단과 동일시된다고 느끼게 되는 현상이다. 일부 청소년들이 연예인들의 패션 스타일을 좇으며 고가 브랜드에 연연하는 소비심리도 같은 맥락인 것이다.

아이가 허영에 물들지 않도록 충고와 제재를 하면서도 때로는 바람직하지 않게 모성애를 앞세워 동조한 기억도 있다. 한창 꾸미고 싶고 자신의 감각과 감성을 표출하고 싶은 시기에 새장 같은 공간, 과잉 경쟁 속에서, 당연한 것이 당연하지 않은 현실을 수용하고 체념하며 얼마나 자유분방한 자신과 교감하고 싶었을까. 인생에서 가장 더딘 시간이 흘러갔으리라.

공중을 박차고 날아오르는 새처럼 대학 시절엔 기질과

취향대로 다양한 활동을 하며 일상을 즐겼다. 청소년기의 부자유한 삶에 대한 치유의 과정이 아니었나 싶다. 쇼핑의 재미도 누리며 옷차림은 물론 가방, 신발 하나에도 트렌드 운운하며 작지만 확실한 행복, '소확행'을 추구했다. 자취방 옷장이 넘치면 철 지난 옷가지들을 한 가방씩 짊어지고 왔다. 스타일이 엇비슷해 보이는데 섬세한 디테일의 차이가 있다나. 머리로 판단하는 것과 마음이 시키는 것의 간극으로 조력자, 상담자로서의 부모 역할은 그리 쉽지 않은 일이다.

금요일 저녁에 온 아들에게 주말 일정을 물어보니 오전에는 미용실에 간다고 한다. 지난가을부터 머리를 길러 보겠다고 덥수룩한 상태를 끈기 있게 감내하더니 벼논의 피처럼 삐죽삐죽 내민 머리를 한번 다듬어야겠단다. 이 녀석 관심사가 원초적인 것뿐인가 하며 일말의 실망감을 느낀다 싶은 순간, 내 심사를 읽었는지 속내를 풀어놓는다. 직장에서의 업무와 인간관계, 퇴근 후의 공부와 체력단련, 교회 활동과 취미 활동, 친구들 근황, 재테크까지 조곤조곤 들려준다.

“소유물을 늘리는 데에 돈을 쓰지 말고 경험을 늘리는 데에 돈을 써라.”

최인철 심리학 교수의 인문학 강의를 들으며 메모해 둔 가르침이다. 아들이 시간이든 돈이든 경험을 풍요롭게 하는 소비를 하고 있는 것 같아 제법 미더워 보인다. 제구실을 너끈히 해내고 있는데, 어미의 상습적인 노파심도 병이려니 싶다. 간섭과 관심의 경계를 잘 지켜야겠다. 다섯 살 때 큰 병치레로 눈물겨웠던 나날을 생각하면 지금 아픔 없이 바라보는 것만으로도 축복일진대….

고슴도치도 제 새끼는 함함하다고 한다. 어미 고슴도치 눈에는 새끼의 바늘 같은 가시도 보드랍고 반지르르해 보인다는 뜻이다. 입시와 군 복무와 취업이라는 삼중 능선을 넘으며, 마음이 성숙해지고 몸집이 탄탄해진 아들은 뭐라 해도 나의 사랑스럽고 소중한 고슴도치다.

비탈길이든 에움길이든 걷는 것은 결국 혼자 하는 일이다. 자기 힘으로, 자기 방식으로, 당당하게 걸어가고 있는 아들의 마음엔 핑크빛 봄이 한창 부풀고 있으리라.

겨울이 유난을 떨어도 봄이 전하는 굳건한 약속을 믿기에 우린 견딜 수 있다. 맞이하고, 누리고, 지나가는 모든 것은 소중하다. 내일은 입춘. 대문에 입춘방을 써 붙이듯 아들을 마주 보고 앉아 응원의 덕담을 추임새로 넣어 준다.

꽃은 쉽게 피지 않는다

동네 꽃집에서 장미 화분을 입양했다. 지나다닐 때면 진열대에 놓인 꽃나무들이 눈길을 잡아 며칠 동안 데려갈까 말까 재다 돌아서곤 했다. 날씨가 유난히 화창한 날, 기어이 장미 유혹에 넘어가고 말았다. 사실은 은밀한 향기가 아닌 달짝지근한 풋내에 무너진 것이다. 올망졸망 앵두 같은 빨간 장미를 어찌 눈에만 담아 오리. 장미 화분을 덥석 안도록 부추긴 조력자는 봄날의 눈부신 햇살이었다.

작은 플라스틱 화분에 갇힌 장미를 넉넉한 토기 화분으로 옮겨 주기로 했다. 모종삽을 가지러 베란다 창고 문을 열었다. 한동안 꽃나무들이 거주하다 떠난 화분들이 흙만 담긴 채 층층이 쌓여 있다. 주인을 잘못 만난 운으로 단명했던 인연들, 여러해살이 화초를 한해살이로 퇴화시킨 나는 무책임한 연인임에 틀림없다. 빈 화분 하나에 모종삽과 씨앗 봉투가 얌전하게 들어 있다. 언젠가 사다 놓았지만 여건이 마땅치 않아 차일피일하다 파종기를 놓치고 만 봉선화 씨앗이 내 손목을 꼭 붙들었다.

겉봉투에 '나를 건드리지 마세요'라고 꽃말이 적혀 있다. 씨방을 살짝만 건드려도 톡 터져 사방으로 씨앗이 튀어 나가는 이유에서 붙여진 꽃말이지 싶다. 봉선화 그림만 보아도, 봉선화 글자만 보아도, 미묘하게 건드려지는 감정선이 있다. 이미지에서 느껴지는 정서적 연대감이 있다. 나는 시골 태생으로 오랫동안 도시에서 살아온 까닭인지, 향수처럼 시골 정취와 순박한 정서가 그리워지곤 한다. 이따금 봉선화 채송화 피어나던 그곳으로, 그때로 돌아가고 싶다는 귀소 본능이 발동한다.

식물이 뿌리를 내리는 것은 호락호락한 일이 아니다. 햇빛과 바람, 물과 거름, 거기에 애정까지 쏟아야 가까스로 가지를 뻗고 형색을 갖추며 자란다. 어딘가 불편하면 자꾸 칭얼대는 아기처럼 말 못하는 식물도 다르지 않다. 아파트라 생장 환경이 열악한 데다 보살핌까지 역부족이니 우리 집 화초들은 팔팔하지 못하고 여차하면 새들해지기 일쑤였다. 그네들을 우리 집으로 입양하여 올 때는 이미 숙명적 실패를 전제하고 있다고 해야 할까. 더구나 모종이 아닌 씨앗을 심어 튼실하게 키운다는 것은 꽤나 무리수를 둔 일이다. 미리 연민의 위로를 건네며 장미 분갈이를 끝냈다. 이름마저 잊은 마른 줄기를 뽑아내고 흙을 채워 보금자리 하나를 더 마련했다. 봉선화 씨앗이 옹골차게 발아하기를 염원하며 잘 키워 보리라는 다짐으로 이불을 덮어 주듯 흙을 다독여 주었다.

며칠이 지나자 젖은 흙덩이를 뚫고 하나둘 싹이 올라왔

다. 식물은 감각을 모르는 무정물이지만 깜깜한 어둠 속에서 발아를 하고 섬약한 싹이 흙을 들썩여 뾰족이 제 존재를 내민다. 미미한 싹눈 하나에 깃든 생명의 존엄과 경외감을 느낀다. 싹이 트고 잎이 나는 사소한 일이 그들에겐 인간이 짐작도 못할 위대한 태동일지도 모르겠다. '무궁화꽃이 피었습니다'를 외치고 돌아서면 동무들이 어느새 한 발짝 다가와 있는 것처럼, 시선을 거두었다가 다시 들여다볼 때면 봉선화는 신통하게도 키와 몸집이 조금씩 불어나 있었다.

두어 달이 지났을까. 어느 날 놀라운 장면을 목격했다. 한 포기 잎겨드랑이에서 연분홍색 꽃을 피워 낸 게 아닌가. 마치 보고 싶은 옛 동무와 조우한 듯 기쁨의 탄성을 내질렀다. 쪼그리고 앉아 코끝을 대어 보니 향기가 살포시 묻어났다.

"아하, 너 봉선화가 맞구나! 이렇게 반가울 수가!"

봉선화가 안겨 준 짜릿한 감동을 누리며 다른 포기에서는 과연 어떤 색깔의 꽃이 필지 기대감에 들떴다. 하루에도 몇 번씩, 베란다 문지방이 닳도록 뻔질나게 드나들었다.

알뜰한 애정 공세에도 불구하고 봉선화는 오래 정착하지 못했다. 제 스스로 살 곳을 선택할 수 없는 꽃씨의 운명이런가. 봉선화는 온몸으로 호소하다 시들어 버리고 말았다. 나는 꽃의 말을 알아들을 줄 몰랐다. 내 무지의 소치임에도 자책감을 덜기 위해 어물쩍 환경 탓을 했다. 척박한 땅에서도 잘 자라는 봉선화는 봄볕을 쬐고 장맛비를 맞으며 자연의 품에 있어야 했다고. 봄이, 여름이, 엄하게 키웠어야 했다고. 욕심 없고 순박한 삶을 표상하는 꽃이려니, 오염된 도심 속에서의 생장은 녹록지 않다는 것을, 실연의 아픔으로 받아들였다. 시들어 버린 봉선화는 팍팍한 도시 생활에서 진정한 자유와 생기를 잃어버린 나의 자화상은 아닐는지.

봉선화가 잠시 차지했던 화분이 베란다 한구석에 동그마니 놓여 있다. 마음이 헛헛하다. 어릴 적 시골집이 떠오른다. 마당 좁다란 화단에 피었던 봉선화와 손바닥에 소복이 따 담던 다홍색 꽃잎들이, 손톱마다 찬찬 동여매던 정성과 기도 같은 기다림이, 흑백사진처럼 아스라이 펼쳐진다. 그곳에도 이제는 봉선화가 피지 않는다. 주인의 손길이 끊긴 화단엔 잡초만 무성하다. 여름이 돌아오면 해묵은 기억 속에서 피어나는 봉선화, 베란다 화분에 몽글몽글 봉선화가 피면 손톱에 주홍빛 꽃물을 들이고 싶었는데….

고운 꽃물이 들듯 내 삶도 어떤 의미 있는 일에 곱게 물들어 가면 좋겠다. 무엇을 나에게 물들이는 일이 온 마음을 쏟는 것이라는 걸 꽃이 말해 준다. 식물이나 사람이나 무심한 듯 세심하게 대해야 한다는 이치도 새삼 깨닫는다. 모든 꽃은 기꺼이 피어나지만, 쉽게 피지 않는다.

그들의 세상

광복절이 어제였다. 팔월도 절반이 뚝 잘려 나갔다. 여름 내내 분개할 뉴스만 넘쳐나 정신적 피로감이 상당했다. 폭우로 인한 참사 수준의 피해, 불특정 다수를 대상으로 한 테러, 잼버리 파행, 일본 핵 오염수 방류 등등. 현재와 미래에 대한 불안과 두려움이 엄습했다. 부정적인 감정을 조금이나마 희석시켜 줄 훈훈한 미담 하나 찾기가 어려운 세상이다. 가뭄에 콩 나듯 간혹 눈에 띄면 시원한 감로수한 잔을 마신 듯 작은 위안을 얻는다.

오늘 인터넷에 이색적인 기사가 떴다. "차마 보내지 못하고…"라는 헤드라인에 마음이 꽂혀 화면을 클릭했다. 영상에는 어미 돌고래가 새끼 돌고래를 등에 업고 수면 위로 떠받친 채 헤엄쳐 나아가고 있었다. 새끼 돌고래를 살리기 위해 숨을 쉴 수 있도록 반복적인 행동을 지속했다. 구조대원이 접근하자 어미 돌고래는 새끼를 빼앗기지 않으려는 듯 거센 파도를 헤치며 필사적으로 나아갔다. 죽은 새끼를 업은 채 며칠씩 이동하는 장면이 제주 바다에서 가끔 목격된다니, 참으로 눈물겨운 모정이 아닐 수 없다.

남방큰돌고래는 오직 제주 앞바다에서만 살아가는 고래다. 새끼를 낳으면 거의 10년 가까이 옆에서 돌볼 정도로 모성애가 강해 사람에 비견할 만하다. 돌고래의 두뇌가 명석하다는 건 잘 알려져 있다. 사람으로 치면 IQ 80 정도에 7,8세 어린이 수준이라는 연구 결과가 있다. 자의식과 자기애를 가졌고, 학습능력과 교감능력이 뛰어나 인격체의 기준에 거의 부합한다는 것이다. 지능을 넘어 지성의 차원에서 연구되는 동물이다. 외모도 사랑스러워 관심이 애정으로 확대된다.

유튜브 알고리즘이 나를 다른 고래의 영상으로 이끈다. 회색빛의 돌고래 무리가 반짝이는 바다 위로 유려한 곡선의 몸을 튕기며 뛰어오른다. 드넓은 푸른 초원에서 망아지들이 뛰어놀듯 활기차고 자유분방하다. 돌고래의 활동에서 우리 인간의 활동과 같은 다양성을 엿볼 수 있어 신통하고 경이롭다.

사람을 좋아하는 돌고래는 해녀나 잠수부에게 친숙하게 다가와 장난을 치고, 지느러미에 걸린 낚싯줄을 빼 달라고 들이밀며 도움도 요청한다. 사람이 바다 위에 공을 던지면 물어다 주고, 해파리로 공놀이를 하는 모습도 관측된다. 어느 때는 여럿이 뗏목 대형을 이루어 헤엄을 못 치는 돌고래를 뗏목 태우듯 올려 이동하며 옆에서 따라가던 무리와 역할을 교대하기도 한다. 초음파를 통한 의사소통 역시 상대방의 이름을 부르며 대화하고, 사투리와 노래도 한다는 연구 보고가 있다. 돌고래의 기질과 사회성, 이타

적 행동에 매료되고 말았다.

돌고래는 인간을 친근하게 대하지만 인간은 상처만 안긴다. 무한한 바다를 마음껏 유영해야 할 그들의 생태적 특성을 무시하고, 불법 포획하여 좁은 수족관에 가둬 놓고 노예처럼 조련해 왔다. 해양환경단체와 동물보호단체, 생물학자 등 전문가들의 노력으로 남방큰돌고래 8마리는 순차적으로 바다의 품으로 되돌아갔고 잘 적응하거나 실종되는 일도 발생했다.

아직 국내 아쿠아리움 여러 곳에는 20여 마리의 고래가 삶을 박탈당한 채 감금되어 있다. 폭 10m도 채 되지 않는 수족관, 제자리 빙빙이를 돌아야 하는 열악한 환경에서 학대받고 있다. 스트레스로 인해 우울 증세를 보이거나 자해를 가하기도 한다니, 죽어야만 비로소 자유를 얻게 되는가. 고래뿐 아니라 상어, 바다사자, 바다표범, 바다거북 등도 그러하다.

바다는 그들의 세상이다. 사람들이 돌고래를 더 가까이서 보려고 배를 타고 나가 그들의 삶터, 그들의 놀이터를 침범한다. 먹이활동에 지장을 주고 스트레스를 유발하고, 배에 부딪혀 부리가 깨지거나 등지느러미가 찢어지기도 한다. 엔진 소음과 물보라에 놀라 뛰어오르면 사람들은 더욱 환호한다. 이렇듯 생체리듬과 서식 환경이 파괴되면서 남방큰돌고래의 개체수가 종전 1천여 마리에서 현재 110여 마리로 줄어들어 멸종 위기에 처했다.

인간과 인간 외 존재의 조화로운 공존이 필요하다. 인간이 만물의 영장이라는 우월감으로 공존은커녕 인간의 이기와 욕심만 추구하고 있다. 수십 년간 이어질 후쿠시마 핵 오염수 방류로 바다 생물들은 그들의 세상을 잃을 처지에 있는데, 우리는 당장 바다 생물들을 먹을 수 있느냐, 없느냐의 문제만 생각한다. 지구상의 모든 생명체는 공동운명체다. 바다와 대기와 토양과 동식물이 뫼비우스의 띠처럼 연결되어 순환하기 때문이다.

인간이 과학이라는 명분으로 자연을 완전하게 통제할 수 있을까. 겉으로는 멀쩡해 보이지만 회복할 수 없는 치명적인 희귀병을 얻은 바다. 천신만고 끝에 고향으로 돌아간 남방큰돌고래는 지병을 앓는 바다에서 또다시 고투해야 한다.

해양환경단체 '핫핑크돌핀스'의 황현진 활동가의 말이 깊은 공감을 준다.

"저는 바다가 굳이 누구의 것이냐? 묻는다면 '남방큰돌고래와 그들의 친구 것이다.'라고 말할 것 같아요. 왜냐하면 그들은 24시간 그곳에서 살아가고 있잖아요. 실제로 그들의 집인데 인간들이 감히 그들의 의사도 물어보지 않고 해군기지를 짓고, 대규모 해상풍력발전 단지를 짓고, 다른 존재들의 삶을 전혀 존중하지 않는 것이죠."

온종일 바라봐도 질리지 않는 바다. 청정한 제주 바다를 활기차게 뛰어노는 돌고래와 만나고 싶다. 배를 타고 부득부득 그들의 삶터에 불청객으로 찾아가지 않고, 모슬포 해안을 서성이다 신기루처럼 조우하고 싶다. 매끈한 피부와 흑진주 같은 눈동자, 촉촉한 이마와 미소 머금은 입매의 사랑스러운 돌고래와 먼발치에서 눈빛으로 인사하는 날이 영영 사멸되지 않기를 바랄 뿐이다. 바다가 싱싱하면 고등어도, 돌고래도, 지구도, 내 손자의 손자도 건강할 테니까.

봄을 타다

삼월은 미완의 사랑처럼 가슴앓이를 동반한다. 온기와 냉기, 두 기류가 혼재하는 달이다. 멀리 고독하게 누워 있는 산마루와 푸석한 산색을 보면 아직은 겨울 이미지가 남아 있고, 하늘빛을 보면 영락없는 봄이다.

기착지를 잊어버렸나, 떠났던 겨울은 돌연 있던 자리를 꿰차고 앉기 일쑤다. 설레발치던 봄은 당혹스러운지 온종일 빗줄기를 뿌리며 항변한다. 강원도엔 때늦은 폭설로 산간 마을이 고립되었다는 뉴스도 뜬다.

계절의 저울추는 어지러이 흔들리고, 나는 눈금을 읽어내지 못하여 곁눈질을 한다. 살아 있음을 느끼고 싶을 땐 시장에 가 보라고 했던가. 겨울과 봄의 경계에서 곰탱이처럼 뭉그적거리다 게으름을 털고 일어났다. 봄 내음을 맡으러 가 보자. 봄날 장터의 활기는 겨우내 소진된 에너지를 다시 돋워 준다. 기분이 울울한 날에는 일부러라도 나가 장바닥을 누빈다. 집을 나서자, 심술궂은 꽃샘바람을 헤치며 춘풍이 나를 기다렸다는 듯이 반긴다.

역시 장터엔 긴가민가하던 봄이 찬연히 당도해 있다. 봄이 어디로 건너오나 했더니 가장 먼저 장터로 오는 줄을 이제야 알았다. 동토를 뚫고 나온 생명의 기운이 팔팔하다. 그중에서도 노지에서 삭풍을 머금고 자란 푸성귀들의 생기가 유별하다. 약이 된다는 초벌부추, 눈밭에서 견딘 시금치, 세찬 바람을 피하려는 방편이었을까 땅에 납작 펼쳐진 모양새의 봄동, 알뿌리가 실하지는 않지만 뾰족한 달래와 향긋한 냉이, 솜털 보송한 쑥, 사방에 봄의 척후병들이 오밀조밀 도열해 있다. 맵찬 겨울은 떠났다고, 당당히 물리쳤다고 두런거린다. 서릿발에 긁힌 생채기도 보이고 맨몸으로 부대끼느라 이파리도 뒤틀려 있지만, 진하고 달큰한 향을 머금고 있다. 색이 짙푸르고 잎맥이 도톰하다.

겨울을 견딘 푸성귀들은 우리 사람살이와 닮아 있다. 시련을 감내하고 나면 품게 되는 성숙의 깊이와도 같이 한낱 풋내 나는 봄나물에 불과하지 않다. 이들의 생명력과 자생력은 겨울 동안 줄곧 내가 얼마나 나태했는지, 무기력했는지를 돌아보게 한다. 푸르른 기운에 물들어 나도 링거를 맞은 듯 힘을 얻는다.

노점과 좌판이 연이어져 있는 장터를 따라 흥정이 오가고 덤이 얹어진다. 생존의 끈을 꽉 잡은 상인들은 저마다 특색 있는 말투와 표정으로 행인의 눈길을 붙잡는다. 북적거리는 틈바구니에서는 재바르게 걸으려고 하지 말자. 정취를 즐기며 느릿느릿 다른 사람의 호흡에 맞추어 따라가면 될 일이다. 왁자지껄하면서 평화롭고 사람 냄새 물씬거려 좋다. 사는 풍경은 제각각 다를 테지만 장터 분위기에서 느끼는 정서적 공감대는 다르지 않을 것이다.

장터에서 이어지는 골목길로 접어들었다. 얼마 벗어나지 않았는데 딴 세상이다. 좁다란 골목이 텅 비어 있다. 낮은 집들 문 앞에 내놓은 화분들이 옹기종기 봄볕을 쬐고 있다. 쪼그려 앉아 귀 기울이면 그들의 대화를 알아들을 수도 있을 듯싶다. 조용한 골목을 빠져나와 교회를 지나고 뒷동네 길을 에돌아 다시 장터로 되짚어왔다.

장터 모퉁이, 등 굽은 할머니가 바닥에 모개모개 놓고 파는 쑥 한 소쿠리를 샀다. 매실 밭에서 캔 것이라 깨끗하다며 안심하란다. 향긋한 쑥 향이 코끝에 퍼진다. 보슬보슬 쪄 낸 쑥버무리와 구수한 쑥국이 눈에 아른거린다. 봄채소 서너 가지와 암팡진 꽃을 피운 칼랑코에, 길쭉한 스투키, 작은 화분 둘을 양손에 사 들었다.

포근한 볕이 등을 간질인다. 자명한 봄이다. 파종도 하지 않은 나의 마음자리만 황량한 빈터로 방치되어 있다. 마음이 번잡해지고 옹색해진 때문인지 봄이면 느꼈던 감정들이 점점 무뎌지고 있다. 봄이 주는 환희가 겨울의 공허를 상쇄하지 못하는 건 나이 탓일까. 나의 모든 것이 봄과 멀어지고 있기 때문일까. 흔한 표현으로 봄을 타는 건가. 봄이 되면 우리는 신체와 감정에 변화를 느낀다. 나른하고 입맛도 없고 무기력증에 빠진다. 봄을 탄다는 것, 그 말뜻 이면의 의미를 읽어 내고 싶다. 올봄은 멀미가 나도록 농밀하게 봄을 타고 싶다.

나무들도 가지마다 봄을 끌어당기고 있다. 뿌리에서 가지로 힘껏 수액을 빨아올리는 나무들처럼 나도 서둘러 새순을 틔우고 꽃눈도 부풀려야겠다. 긴 머리를 숏커트 했을 때의 상큼한 기분으로 나의 봄을 맞아야겠다.

반나절이 가뿐히 지났다. 활기 가득하고 먹거리 그득한 장터를 길 잃은 아이처럼 서성거렸다. 흠뻑 들이마신 봄기운에 잔병이 다 치유된 듯하다. 봄볕을 쬔 몸속으로 춘곤증이 파고든다. 닫혀 있던 창문을 밀어냈다. 대지는 연록을 베풀고 삼월의 봄은 이미 조화롭다.

밥상머리 단상

아침 밥상에는 맑은 국이 좋다. 밤새 휴면 상태였던 위장을 순한 국물로 달래 깨워 줄 수 있기 때문이다.

오늘 아침엔 북엇국을 끓였다. 남편은 식탁에 앉아 퍼 놓는 국을 기다렸다는 듯 한술 뜨며 짧은 감탄사를 발한다. 시원하고 개운하여 참 좋다는 뜻이다. 역시 북엇국이 최고라는 북어에 대한 예찬인지, 북엇국을 감칠맛 나게 잘 끓였다는 칭찬인지 아리송하지만 한술 뜨며 보이는 반응은 밥상을 차린 사람을 기분 좋게 한다.

살펴보면 사람이나 사물이나 다 제 역할이 있고 쓰임이 있다. 대개는 잘하는 게 있으면 못하는 것이 있고 취할 게 있으면 버릴 것이 있다. 그리하여 높고 낮음이, 많고 적음이, 잘나고 못남이 서로 어우러져, 배열된 톱니가 맞물려 돌아가듯 세상은 조화롭게 돌아가는 것인지 모르겠다.

그런데 가끔은 '버릴 것 하나 없다'라는 말에 꼭 맞는 대상을 발견할 수 있다. 오늘 아침 밥상에 오른 명태가 그렇다. 명태는 지역에 따라, 잡는 방법이나 상태에 따라, 잡힌 시기 그리고 가공 방법에 따라 호칭이 다르다. 나무위키에 기록된 것만도 서른 가지가 넘는다. 세상에서 이처럼 많은 이름을 가진 생물 혹은 무생물이 또 있을지, 이름 많기로는 가히 독보적이다. 밥상에서 얼마나 환대를 받았으면 모두가 이름 지어 주기를 즐겨 하였는지 짐작할 만하다. 그만큼 우리의 식생활과 밀접해 있고 대표적인 국민 먹거리로 자리매김하고 있다는 방증이다.

개중에 생소한 별칭들은 어부들 사이에서나 통하는 이

름일 테고 주부인 나는 시장 볼 때 입에 올리는 몇 가지 정도만 익숙할 뿐이다. 말 나온 김에 입맛 당기는 명태 반찬으로 상차림 한번 해 볼까. 정말이지 버릴 것이라고는 하나도 없다.

얼큰하고 시원한 동태찌개는 진한 국물이 입안에 착 감기며 추위에 언 몸이 사르르 녹아든다. 무와 대파 숭숭 썰어 넣고 두부 뭉툭뭉툭 잘라 넣어 칼칼하게 끓이면 겨울철에 이만한 찌개가 없다. 술을 마신 다음 날 쓰린 속을 안고 일어났을 때는 구수하고 담백한 북엇국이 속 달래기에 제격이다. 매콤한 양념장을 발라 구운 황태구이와 양념장을 끼얹어 자작하게 쪄 낸 코다리찜은 거부할 수 없는 밥도둑이다. 참, 동태전을 빼놓으면 서운하다. 얇게 포를 뜬 동태에 계란을 입혀 기름에 부쳐 내면 부드러운 식감에 얕은맛이 일품이다. 젓갈 또한 손꼽히는 밥도둑이다. 명란젓은 참기름에 무쳐 따끈한 밥 위에 얹어 먹으면 입 안에서 톡톡 터지는 질감이 떨어졌던 입맛도 다시 돋게 해 준다. 내장으로 담근 창란젓, 아가미로 담근 아가미젓도 특유의 감칠맛으로 구미를 당기게 한다. 명태는 껍질마저도 버리지 않는다. 껍질을 튀겨 양념장에 버무리면 바삭하고 녹진하여 색다른 맛일 뿐 아니라 콜라겐이 다량 함유되어 있어 피부 노화를 방지하는 데 효능이 있다. 친정 큰언니네 집에 가면 단골 반찬으로 내놓는데 자꾸만 손이 간다.

명태 새끼인 노가리는 술안주로 인기가 많다. 시원한 생맥주에 쫄깃하고 고소한 노가리 안주는 더할 나위 없이 궁합이 잘 맞는다. 노가리는 예전에 연탄불에 구워 먹던 주전부리였다. 연탄이 거의 타서 곧 갈아야 할 시점, 그러니까 불꽃은 스러지고 발갛게 열기만 남아 있는 연탄불은 노가리를 굽기에 딱 알맞았다. 이때는 일산화탄소가 다 연소되어 화덕 옆에 앉아 있어도 연탄 냄새가 나지 않고 머리도 아프지 않았다. 구워질 때 피어오르던 연기와 고소한 냄새가 지금 코끝에 퍼지는 듯하다. 심지어 명태 눈알도 굽거나 초무침을 하여 술안주로 먹고 지느러미와 꼬리는 국물 우려내는 데에 쓰이고 있으니 제 것을 모조리 내주는 명태의 살신성인은 참으로 눈물겨울 정도다.

나의 고향은 경상도 내륙이라 생태를 구하기 어려웠다. 지금에야 생산지에서 소비지까지 냉장운송시스템으로 신선도를 유지하며 공급되지만 예전엔 내륙까지 오면서 상해 버리기 때문에 주로 얼린 동태나 소금에 절인 간고등어 정도를 먹을 수 있었다.

겨울이면 밥상에 동태찌개가 자주 올랐다. 별다른 밑반찬이 없어도 뜨끈한 동태찌개 냄비가 상 가운데에 자리하면 9첩 반상이라도 되는 듯 그득했다. 자식들이 옹기종기 밥상에 몰려 앉아 깔끔하게 싹 냄비를 비우면, 뿌듯한 눈빛을 건네던 어머니는 먹는 것을 보기만 해도 포만감이 들었을 것이다. 없는 살림에도 동태찌개나 코다리찜을 참참이 먹었다는 건 그만큼 명태가 많이 잡혀서 값이 싸고 흔했다는 얘기다. 소박한 사람들의 만만한 성찬이 되었던 친근한 생선이 명태다.

안타까운 일은, 우리나라 동해에서 명태가 소멸했다는 사실이다. 이미 2008년 공식 자료에서 어획량이 제로(0)로 보고되었음을 확인할 수 있다. 소멸 이유로는 치어까지 무분별하게 잡아들인 남획과, 지구 온난화에 따른 수온 상승으로 서식지를 북쪽으로 옮겨 간 것을 꼽는다. 우리 집 밥상의 단골 반찬이면서, 밥상머리에서 떠올리는 친정의 추억거리 명태는, 이제 러시아 오호츠크해에서 온 명태로 완전하게 잠식당했다. 정부와 강원도는 2014년부터 '동해 명태 살리기 프로젝트'를 추진하고 있다. 10년 가까이 노력했다지만 집 나간 명태는 감감무소식이니 프로젝트를 접어야 할까. 동해에서 명태가 떼 지어 노니는 걸 볼 수 있기를 바랐는데, 명태를 물간마다 가득 채운 고깃배가 만선의 깃발을 펄럭이며 포구로 돌아오는 날이 하루빨리 오기를 고대했는데…. 그래도 무사귀환을 바라는 마음으로 더 기다려 봐야겠다.

딸은 어머니의 음식 맛을 닮는다고 한다. 그것은 같은 재료와 같은 조리법으로 만들어서가 아니다. 어머니와 함께 조리 실습을 해 보거나 어깨 너머로 배우지 않아도 근접한 맛을 내는 것은, 어머니의 손맛이 깃든 반찬들을 내 미각이 기억하고 있기 때문이다. 맛있게 먹던 그때의 기억들이 툭툭 끼어들어 감칠맛을 가미한다. 동태찌개와 북엇국을 끓이는 건, 반찬을 만드는 단편적인 행위 이상의 의미를 갖는다. 맑고 푸른 동해의 명태가 아닌 오호츠크해 명태로 조리한 것을 아쉬워하며 나도 북엇국을 맛본다. 뜨거운 국물이 입안에 감돌며 반어적인 은유가 튀어나온다.

"으음, 시원하다."

권태, 열두 고개

예쁜 여자의 신화 속에/ 스스로를 가두니/ 이만하면 음모는 제법 완성된 셈/ 가끔 소스라치며/ 자신 속의 노예를 깨우치지만/ 매혹의 인공향과 부드러운 색조가 만든/ 착시는 이미 저항을 잃은 지 오래다// 시간을 손으로 막기 위해 육체란/ 이렇듯 슬픈 향을 찍어 발라야 하는 것일까/ 안간힘처럼 에스테 로더의 아이라이너로/ 검은 철책을 두르고/ 디오르 한 방울을 귀밑에 살짝 뿌려 마무리한 후/ 드디어 외출 준비를 마친 속국의 여자는/ 비극 배우처럼 서서히 몸을 일으킨다

– 문정희 「화장을 하며」 중에서

사람에겐 권태라는 감정이 있다. 권태는 어떤 일에 관심이 없어지고 시들해져서 생기는 싫증을 말한다. 인간관계, 삶, 사랑, 일 등에서 느끼는 피로가 오래되면 권태 또한 먼지처럼 쌓인다. 권태감이 지속되면 새로운 자극과 변화로 탈피해야겠지만 금방 때로는 서서히 다시 유발되고 되풀이된다.

사람은 지나치게 바빠도, 너무 한가해도 비슷한 감정에 빠지는 것 같다. 나는 한가할 때보다 할 일이 산적해 있으면 의욕과 집중력이 떨어지며 권태감이 밀려온다. 권태는 새롭고 의미 있는 활동을 찾기 위한 동기 부여가 되기도 해 긍정적인 효과도 있는 셈이다. 일상생활에 내재한 권태를 어떻게 깨뜨려야 할지 살면서 당면하게 되는 과제다. 문제는 구제할 수 없는 경우다. 평생 가족 끼니를 담당해야 하는 일, 평생 화장을 해야 하는 일 등이다. 내게 있어 화장은 순기능이 역기능을 상쇄하지 못한다는 생각이 지배적이다.

여성으로 태어난 것은 내 의지와 선택이 아니다. 성별

은 진화하거나 퇴화해서 바뀔 수 있는 게 아닐뿐더러 각고의 노력으로 탈바꿈되는 것도 아니다. 오로지 숙명으로 받아들일 수밖에 없다. 하지만 여성이기 때문에 감수하고 감내해야 하는 일에 과부하가 걸릴 때 마음이 피폐해지곤 한다. 남성들은 그들대로 감당해야 할 삶의 무게와 생에 대한 권태를 호소하겠지만 말이다.

약속 시간이 다가온다. 아무리 시간에 쫓겨도 필수적으로 거쳐야 할 일련의 순서가 화장이다. 손이 떨려 제대로 되지 않는다. 눈썹을 그리면 짝짝이가 돼 버리고 아이라인이 울퉁불퉁 그어지는가 하면 마스카라도 급하게 감아올리다 보면 풍성해지기는커녕 속눈썹끼리 뭉치고 만다. 그럴 때마다 너무 조급하게 서두르면 오히려 일을 그르치게 된다는 이치를 깨닫게 된다.

손바닥에 스킨을 덜어 얼굴에 스며들도록 재빨리 두드린다. 힘이 가해져 얼얼하다.

사람이 천차만별이듯 화장법도 개인의 피부 상태나 취향, 편리에 따라 조금씩 다르다. 나의 기준으로는 기초화장에서 색조 화장까지 열두 고개를 넘는다. 기초 제품인 스킨(토너), 에센스(세럼), 로션(에멀젼), 크림을 차례대로 바르고, 자외선 차단제인 선크림과 피부 톤을 밝게 해 주는 파운데이션 위에 파우더를 덧발라 준다. 그다음 색조 화장인 눈썹, 아이라인, 아이섀도우, 마스카라 순으로 해 나간다. 마지막으로 립스틱을 발라 마무리한다. 기본형이다. 더 꼼꼼하게 관리하는 사람은 고농도 성분의 앰플, 아이크림 등을 추가한다. 용어조차 생소한 기능성 제품들이 나열할 수 없을 정도로 다양하다. 이외에도 얼굴 혈색이 좋아 보이도록 발그레 볼 터치를 해 주거나, 오뚝한 콧대와 갸름한 턱선, 작은 얼굴을 만들기 위해 셰링용 제품으로 음영 효과를 주며 장인 정신으로 정교하게 화장하는 이들도 많다. 하고많은 화장 단계는 여자의 감정만큼이나 복잡다단하다.

이제 다섯 고개를 넘고 파운데이션을 펴 바른다. 시계를 한 번 주시한다.

젊었을 땐 화장을 즐기고 향유했었다. 젊음이 한밑천인

시기에는 밝고 탱탱한 피부 덕에 화장을 가볍게 해도 예뻐졌다는 착각이 들었으니까. 중년을 넘기며 칙칙한 피부색과 잔주름, 얼굴에서 피할 수 없는 중력을 절감하며 화장에 대한 권태가 찾아왔다. 나이 듦의 방증인가. 화장은 마지못해 하는 성가신 행위가 되어 버렸다. 무엇보다 시간이 아깝다. 하루 1시간가량 소모된다고 했을 때, 수십 년 화장으로 허비하는 시간은 막대하다. 남성들은 그 시간을 자기계발이라든지 생산적인 일로 활용할 수 있어 얼마나 큰 혜택인가. 불평이 아지랑이처럼 피어오른다.

이쯤에서 혹자는 말할 것이다. 의무적이지 않은 화장을 포기하면 되지 않느냐, 자기만족인데 즐기지 못한다면 왜 고수하느냐. 그러나 화장은 이미 사회화, 생활화되어 상대에 대한 존중과 예의를 갖추는 하나의 형식으로 단단히 인식되어 있다. 포기하지도 즐기지도 못하는 관습적인 일이 되어 버렸다. 아침밥을 못 먹더라고, 잠을 덜 자더라도, 화장할 시간은 확보해야 한다. 민낯으로 뛰쳐나온 여성들은 지하철 안에서 화장을 한다. 조직에서의 매너를 위해 공공장소에서의 비매너를 저지르고 마는 것이다.

손끝을 재촉하며 그린 좌우 눈썹이 기울어진 시소처럼 비대칭이다. 눈도 침침하다. 그대로의 나를 보여 주기 싫다면, 화장으로부터 자유로울 수 없다면, 화장 단계라도 최소화해야 한다. 미니멀리즘의 실천이 화장에서도 필요하다. 나이가 들면서 마음속 미의 기준도 달라지고 있다. 사람을 돋보이게 하는 건 결국 겉모양보다 내면이라는 진리를 알게 된다. 생기 있고 환한 낯빛은 좋은 생각과 좋은 말, 건강하고 진실한 삶에서 비롯된다는 건 상식이라 하겠다.

불현듯 화장에 대한 애증의 감정이 섞인다. 자조하는 못난 내 얼굴을 화장으로 커버할 수 있어 다행이었다. 화장하는 행위는 권태로운 일상에서 자신을 되찾는 일이면서, 매일 칙칙한 얼굴에서 화사한 얼굴로 변신 프로젝트를 수행하는 시간이었다. 외면을 꾸미면서 조용히 내면과도 소통할 수 있는 기회였으니 어쩌면 화장은 여성의 특권이자 특혜를 누린 것인지도 모르겠다. 이제는 하이힐을 신을 수 없는 비애처럼, 더 나이가 들어 화장을 하고 싶어도 할 수 없게 될 때를 상상해 보니 울컥 슬픔이 복받친다.

대단원의 막을 내린다. 화룡점정으로 입술에 붉은 립스틱을 바른다.

심혈을 기울인 분단장도 원판 불변의 법칙은 거스를 수 없는 일. 언감생심 '이만하면'은 꿈도 못 꾸지만 어설픈 화장술로 '이나마' 정도라도 된 게 어디인가. 최고의 화장은 미소라고 했다. 날마다 화장을 하듯 매일 매시간 미소 짓는 방법부터 연습해야겠다.

늪에서 빠져나오듯 화장을 끝내고, 시인이 말한 비극 배우처럼 몸을 일으킨다.

제 4 부

그리움이 가을 억새풀처럼 서걱거리고

이불을 만지다

장마가 휩쓸고 지나간 뒤, 무더위가 조급하게 덮쳐 왔다. 체온 변화가 심한 편인 나는 여태 도톰한 이불을 덮고 잤다. 여름에도 새벽에는 서늘한 기운이 감돌기 때문이고, 몸을 살포시 눌러주는 이불의 무게감이 마음을 안정시켜 숙면에 들게 하는 이유였다. 열대야가 며칠째 진을 치고 있으니 이젠 얇은 이불로 방패막이를 삼아야겠다.

이불장을 열었다. 옷장과 마찬가지로 포화 상태다. 보

드게임 젠가처럼 차곡차곡 빈틈없이 쌓여 있다. 마음의 여유를 잃은 탓인지 이불장조차 한 뼘 여백도 없이 방치해 두는가 싶다. 조금은 할랑하게 숨통을 터 주고, 햇볕도 이따금씩 쬐어 줘야 하는데, 이럴 때면 마당 있는 집을 그리게 된다. 장대 받친 빨랫줄에 널어놓으면 이불자락 사이로 남실바람이 들락거리고, 볕내를 품은 이불이 뽀송뽀송 말라 가는, 마당 풍경이 그리워진다.

내가 결혼하던 시절에는 혼수 이불을 꽤 신경 써서 꾸렸다. 맨 먼저 시부모님 이불을 고심 끝에 선택했다. 노란빛 공단에 십장생 문양의 자수를 놓은 두툼한 목화솜 이불 세트다. 시댁 집안에 보낼 예단 이불도 여러 채 마련했다. 신혼부부 이불은 연두와 진분홍 공단에 원앙새 자수를 놓은 솜이불에다 봄가을용 차렵이불, 여름용 누비이불도 갖추었다. 차렵이불은 화사한 분홍색 인견에 아플리케 방식으로 튤립 꽃수를 놓았고, 돌아가며 테두리에는 프릴로 장식하여 공주풍 이불이다. 캐시밀론 솜이 들어 있어 가벼우면서 보온성이 좋다. 여름 이불은 부드러운 아사면과 깔

깔한 시폰 원단의 조합에 매화꽃을 수놓은 것이다. 얇게 솜을 깔아 아주 촘촘하게 누빈 이불이라 시원하고 탄탄했었는데 오래도록 세탁기에 시달려 이젠 해지고 후줄근해졌다.

평생 덮을 이불은 좋은 것으로 해야 한다는 어머니의 소신대로 30여 년의 사계절을 이들과 동침했다. 겨울 솜이불만은 무겁고 관리가 불편하여 유용하게 쓰지 못했다. 신접살림을 시작했던 주택에서는 덮었지만, 아파트로 옮기면서 침대를 들이는 바람에 무용지물로 전락해 버렸다. 너럭바위처럼 떡하니 장롱 밑바닥을 차지하다 솜틀집 주인의 상술에 넘어가 솜을 틀고 두 채로 나누어 만들었다. 그러면 뭐하나, 비용만 날렸을 뿐 결국 압축팩에 육포처럼 납작하게 눌린 채 장롱에서 칩거하는 신세가 되었다. 겨울에도 외풍이 없는 아파트에서는 투박한 솜이불보다 가붓하면서 폭신한 극세사 이불이 제격이다.

이불에 대한 추억은 누구에게나 있을 터이다. 나 또한 어머니가 이불을 손질할 때 옆에서 도왔던 기억이 생생하다. 예전에는 홑청갈이가 무척 번거롭고 손이 많이 갔다. 세탁한 홑청을 묽게 쑨 풀물에다 주물럭거려 빨랫줄에 펼쳐 널었다. 꾸덕꾸덕하게 마르면 착착 접어 그 위에 광목천을 덮고는 발로 자근자근 밟았다. 나는 노래를 흥얼거리거나 숫자를 백, 이백 세면서 발자국을 야무지게 찍었다. 다듬이질한 것처럼 반드러워졌다.

남은 구김살은 홑청을 펼쳐 들고 앉아 어머니의 추임새에 맞춰 잡아당겼다. 윗목에 있던 내가 아랫목 쪽으로 졸졸 딸려 가면 힘의 균형을 잡느라 위치를 바꾸었다. 방바닥에 이불 속통을 쫙 펼쳐 놓고 홑청을 씌워 굵은 무명실로 솔기를 꿰맸다. 홑청과 속통이 따로 놀지 않도록 네 귀퉁이와 한가운데에 손가락 길이 정도의 큰 땀을 놓아 고정을 했다.

어머니가 바느질을 마무리하면, 코끝에 묻어나는 풋풋한 홑청 냄새가 좋아 나는 이불 위에 몸을 던져 팔다리를 휘저으며 뒹굴곤 했다. 열서너 살 때였으리라. 이불 손질에 며칠씩 공을 들였던 어머니 세대, 길쌈까지 했던 할머니 세대, 그 지난하고 고단한 여인네의 삶을 헤아려 본다.

이불장을 훑어보니 여름 이불이 제법 많다. 하절기엔 자주 빨아야 하니 여분이 필요해서다. 거기다 침구류는 계절이 바뀔 때마다 주부의 관심거리인지라, 텔레비전 홈쇼핑에서 정신을 쏙 빼며 호객 행위를 하면 한 번씩 꾀이고 만다. 새로운 소재와 직조 방식이 다양하게 개발되면서 보다 시원하고 통기성 좋은 것에 미혹되지 않을 수 없다. 그래저래 구입한 이불들이 겹겹이 쌓여 있다. 소유의 불편을 느끼면서도, 하나를 들이면 하나를 내보내라는 살림 정리법의 실천이 쉽지 않다. 살아온 체취를 내다버리기 섭섭해서일까.

살짝 비치는 얇은 홑겹이불 하나가 눈에 띈다. 사방 테두리를 정교하게 박음질한 흰색 인견 이불이다. 친밀하게 지내는 K시인이 준 선물이다. 시집 출간할 때 편집을 도와주었더니 마음의 표시라며 기어코 주셨다. 손수 재봉 작업을 한 정성이 담뿍 담긴 이불이다. 어찌나 박음질이 촘촘하고 견고한지 덮을 때마다 만지작거리며 감탄을 한다. 실크 드레스를 입은 듯 몸의 실루엣을 따라 찹찹하게 감기는 느낌이 별다르다. "얇은 사紗 하이얀 이불은 고이 접어서 나빌레라" 조지훈의 시에 빗대며 사르륵 펼쳐 본다. 정말 커다랗고 하얀 나비의 날갯짓 같기도 하다.

가장 마음을 건드리는 건 삼베 이불이다. 가슬가슬한 삼베 이불은 어머니가 주셨다. 첫아이를 출산한 팔월, 산모를 위해 지어 오셨다. 성긴 올 사이에서 대숲 바람이 느껴진다고 하면 허풍이려나. 유난히 더위를 타는 당신인데 구슬땀을 흘리며 산바라지를 해 주었던 그때를 떠올리니 아릿한 그리움이 가을 억새풀처럼 서걱거린다. 생전에 겉모습을 가꿀 여유가 없던 어머니의 삶처럼 낡은 삼베 이불이 아무 꾸밈없이 밋밋하다. 이제라도 예쁜 꽃수 두어 점 놓아야겠다.

어쩌면 이불은 어머니 품을 대신하는 것이다. 아기가 엄마 품에서 곤히 잠이 들듯, 이불이 아늑하게 몸을 감싸 평온한 잠 속으로 이끌어 준다. 잠자리가 바뀌면 잠을 설치게 되는 건, 이불이 낯선 때문이 아닐까. 내 이불의 익숙한 내음과 감촉과 온기를 몸이 아는 까닭에…. 이불에는 이야기와 정과 그리움, 몽상의 잔해와 수많은 기억이 깃들어 있다.

가을장마

며칠을 두고 비가 내린다. 팔월이지만 절기로는 입추와 처서가 지났으니 분명 여름 장마는 아니다. 이때의 비를 '가을장마' 또는 추림秋霖이라고 일컫는다. '가뭄 끝은 있어도 장마 끝은 없다'는 말이 있을 정도로 장마는 언제라도 크고 작은 재해를 입히는지라 언뜻 장마라는 말이 한자어가 아닐까 하는 생각이 든다. 길 장長에 마귀 마魔인가? 아니다. 생각과 달리 순우리말이다.

장마의 유형이 꽤나 다양하다. 장마철에 비가 아주 적게 오거나 갠 날이 계속되는 것을 마른장마로 부른다. 여러 날 억수로 내리는 건 억수장마, 거름이 되는 개똥처럼 좋다는 뜻의 오뉴월 장마를 이르는 개똥장마, 초가을에 비가 오다가 금방 개고 또 오다가 다시 개고 하는 장마는 건들장마라 칭한다. 지금처럼 가을철에 여러 날 계속해서 오는 비를 가을장마라 한다.

그러고 보니 가을이라는 뜻이 붙은 가을바람, 가을꽃, 가을빛, 가을비 등 수많은 말 중에 가장 먼저 찾아온 첫손님이 가을장마다. 어감은 부드러운데 의외로 변덕을 부리고 능청의 기질도 갖고 있다. 보슬보슬 내리다가, 걷잡을 수 없이 세차게 쏟아졌다가, 언제 그랬냐는 듯 한순간 말끔하게 걷히기도 한다. 오락가락 변덕이 죽 끓듯 하는 가을장마다.

어제는 종일 그 변덕에 휘둘려서 갈팡질팡했다. 잠시 소강상태라 창문을 열어 두면 별안간 격렬하게 쏟아져 황급히 뛰어가 닫게 만들고, 다시 잦아드는 듯하여 열어 놓으면 파도치듯 기세 좋게 창 안으로 몰아닥쳤다. 창틀에 풍친 빗물을 여러 차례 닦아 내면서 짜증이 날 만도 한데, 왠지 가을인가 여겨 내 감정은 너그럽고 호의적이다. 가을장마라는 이름이 주는 효과인가 보다.

제풀에 기력이 소진되었는지 오늘은 다소곳하고 수줍은 새색시 모양새로 내리고 있다. 이렇게 세상을 촉촉하게 적시는 비가, 사나흘 산책을 포기하고 있었던 나를 밖으로 나서게 한다. 비 내리는 거리를 걸을 때의 감정은 햇빛 아래에서 느끼는 그것과는 사뭇 다르다. 마주 오는 사람들의 표정 또한 차분하고 진지해 보인다. 가로수들은 묵은 먼지가 씻겨 개운한 듯 생기가 돈다. 카페에서 풍기는 커피 향은 갓 볶은 원두를 우려낸 것처럼 한층 진하고 깊다. 습도가 높아지면 공기 중의 냄새 분자가 콧속에 잘 흡착되기 때문에? 이런 과학적 이유는 지금은 필요치 않다. 그저 비와 동행하니 향기로운 것이다.

영화 '사랑은 비를 타고'의 명장면을 재연해 보고 싶다. 사랑의 환희에 젖어 쏟아지는 빗속에서 추는 진 켈리의 춤은 압권이었다. 진 켈리처럼 우산을 접고 Singin' in the Rain을 부르며 경쾌하게 춤이라도 추고 싶다. 일부러 우산을 살짝 비껴들면 빗방울 고놈들은 기다렸다는 듯 내 팔과 얼굴에 오르르 부딪치며 형체를 허물어뜨린다. 내 몸이 홀연히 낙하하던 빗방울의 마지막 종착지가 되었으니, 나는 몰인정하게 싹 닦아 버리지 못한다. 그들의 장렬한 임종을 부드러운 시선으로 지켜본다.

여느 날엔 요란하게 경적을 울리며 질주하는 자동차들을 보면 눈 흘겨 주던 내가, 비 내리는 날엔 표정이 누그러진다. 횡단보도에서 푸른 신호등으로 바뀔 때 차르르 빗물을 가르며 정지선에 와 서는 자동차들을 싸늘한 눈초리로 보지 않는다. '저 차 안엔 지금 어떤 음악이 흐르고 있을까. 쇼팽의 빗방울 전주곡이나 바흐의 무반주 첼로곡이면 정말 제격일 테지. 비의 의미를 담은 가요나 팝송도 좋겠다.' 나를 이 정도로 순화시켰다면 비는, 경주마처럼 질주 본능을 가진 운전자마저 품격 있는 신사 숙녀로 변화시켰을 것이다.

보슬비 내리는 날엔 또 하나의 통과의례가 있다. 재래시장 난전에서 꽃을 사는 일이다. 햇볕 쨍쨍한 날엔 잠시 눈동냥만 하지만 오늘 같은 날엔 서둘러 가을꽃을 안고 싶어져 파라솔 아래 가지런히 줄지어 있는 꽃을 고른다. 양동이에 담겨 있는 갖가지 꽃 중에서 엄지손톱만 한 오렌지색 소국을 한 다발 골랐다. 꽃을 사면서 한 번도 꽃 이름을 물어본 적이 없다. 국화나 장미를 제외하곤 거의 외래어 이름을 가진 꽃이라 혹여 꽃 파는 할머니가 모르고 있다면 민망해할 것 같아서였다. 하지만 할머니는 다 알고 있을 것 같다. 꽃 팔면서 꽃무늬 모자를 쓴 센스 있는 분이니…. 살며시 물어보았다.

"국화지요. 사 가이소."

꽃 파는 할머니의 대답은 간단하다. 맞다. 국화다. 진보라색, 연보라색, 자주색, 오렌지색, 노란색, 형형색색 국화 비슷하게 생긴 것은 다 뭉뚱그려 국화인 게다. 투명한 비닐에 돌돌 말아 끝자락에 끈 하나 꽁 묶어 준다.

비 오는 날은 예정한 바깥 볼일이 없더라도 우산을 받치고 그냥 나서 볼 일이다. 할 일을 염두에 두지 않고 시간에 얽매이지 않은 채 빗속에 젖어 보는 것이다. 목적지 없이 자유롭게 내딛는 발걸음이 가볍고 명랑하다. 어쩌다 막다른 길에 당도하여도 막막하거나 난감하지 않다. 느긋하고 여유롭다. 비 오는 풍경이 보듬어 주는 정서적 안도가 아닐까.

밤 깊은 밖에선 여전히 비가 내리고 있다. 창을 두드리는 빗소리가 조금 높아졌다 낮아졌다 되풀이한다. 조용히 잦아들기에는 섭섭한지 비의 언어를 끊임없이 타전하고 있다. 한나절 거리 산책과 꽃 한 다발을 안겨 준 가을장마여, 얌전하게 머물다 가시라.

거실 탁자엔 가을장마 빗줄기를 서너 번 맞은 오렌지색 소국이 유리병에 꽂혀 향기를 풀고 있다. 저 국화가 질 때면 가을장마는 떠나고 선선한 가을바람이 불기 시작할 것이다.

기억의 간극

그럴 때가 있다. 상대와 같은 시간과 공간을 공유했음에도 각자 기억하는 이야기와 의미가 다르다는 것을 발견할 때가 있다. 가족과도 그렇고 친구와도 그러하다. 함께했던 일을 누구는 선명하게 기억하고 누구는 전혀 기억하지 못하고, 누구에게는 좋은 기억으로, 또 누구에겐 상처로 잔재한다. 기억의 간극이다. 훗날 이야기를 나누다 보면 몰랐던 사실을 알게 되어 오해가 풀리기도 하고 관계가 돈독해지는 기회가 되기도 한다.

초등학교 때 단짝이었던 두 친구가 있다. 사는 동네는 달랐지만, 4,5,6학년을 잇따라 같은 반에 편성되었다. 학교에 오면 우리는 실과 바늘처럼 꼭 붙어 다녔다. 날마다 수업이 끝나면 무슨 놀이를 할지 기대와 설렘으로 종례 시간을 기다렸다. 공부를 마치면, 보상이 주어지듯 즐거움이 따랐다. 방과 후 교실에 남아 장기자랑을 한다든지 운동장에서 여러 가지 놀이를 하며 재미있게 놀았다.

친구 S는 쌍꺼풀이 지고 오뚝한 코에 잘 웃는 명랑한 아이였다. 서로 바라만 봐도 눈빛이 통했고 눈빛만 부딪쳐도 웃었다. 한마디로 죽이 잘 맞았다. 그녀를 생각하는 지금, 특유의 목소리와 웃음소리가 귓전에 맴도는 것 같아 기분이 좋아진다. 친구 J는 조용한 말씨와 행동이 어른스러운 아이였다. 사과 과수원 집 딸이어서인지 피부가 우윳빛처럼 뽀얗고 깨끗했다. 차분한 목소리와 웃는 듯 아닌 듯 엷은 미소의 그녀를 떠올리면 마음이 온화해진다.

그런데 우리는 중학교에 들어가 반이 갈리면서 조금씩

소원해지기 시작했다. 이어 고등학교에 진학하면서 J와는 거의 만날 기회가 없었고, S는 통학하는 기차 안에서 먼발치로 몇 번 스쳐보았지만 다가가 말을 건네기엔 소심한 나였다. 이미 서먹하고 어색했다. 그럴 때면 공허한 감정이 밀려왔지만 물길이 흐르듯 우정도 제 흘러가는 대로 둘 수밖에 없었다. 친구들의 마음이 나에게서 떠났다고 여기며 관계를 단념했다.

안부도 모른 채 그렇게 잊고 살았다. 아니, 불쑥불쑥 그리워하며 살았다.

몇 해 전, 다른 동창생과 통화를 하던 중에 S의 연락처를 알게 되었다. 옛 친구 S에게 전화를 걸었다. 반가움에 달뜬 목소리와 경쾌한 웃음소리를 듣자 그동안 가로막고 있던 알 수 없는 벽이 단숨에 무너지며 그 옛날로 돌아가 한참을 재잘거렸다. 그리고 S를 통해 J의 소식까지 전해 들었다. S는 안동에, J는 대전에, 나는 부산에 뿌리내린 우리는 이미 오십 대 중반에 다다라 있었다.

긴 세월을 에돌아 비로소 감격적인 해후를 했다. 가을

이 무르익은 11월 초, 우리의 고향인 문경새재에서 그렇게 만났다. 가을이 폭발한 은행나무와 단풍나무 숲길을 걸으며 분분히 떨어져 쌓인 낙엽 위에 밀린 이야기를 풀어놓았다. 특별한 날의 기록을 사진에 담으며, 말똥구리만 굴러가도 까르르 웃던 소녀들처럼 자꾸만 웃었다. 우리를 품고 있는 배경은 더없이 낭만적이고 근사했다.

친구 S가 내게 물었다.

"학교 다닐 때, 너 왜 나를 멀리했어?"

무슨 이유로 자신을 피했는지, 왜 마음을 닫았는지 두고두고 궁금했었다며 말을 꺼냈다.

"그래, 왜 우리와 말도 안 하고 그랬어?"

J마저 거들며 내 속내를 듣고 싶다는 표정을 지었다. 나는 뒤통수를 맞은 것처럼 멍해져서 할 말을 잃었다. 왜냐하면 내가 줄곧 그들에게 가졌던 의문이었고 묻고 싶었던 말이기 때문이다.

생각의 차이, 기억의 간극인가. 분명코 내 마음은 이탈하지 않았고 외려 친구들의 변심으로 간주했었다며 억울

해했다. 그들 역시 전혀 몰랐다며 혼란스러워했다. 사람은 다 자신의 생각과 느낌대로 기억한다는 이치를 새삼 깨달았다. 저마다 자신이 받은 상처만 생각했고, 그것을 확대 해석했고, 자신의 기억을 굳게 신뢰했던 것이다.

어쩌면 내가 끈을 놓쳐 버렸는지도 모르겠다. 사춘기 때 나는 자신의 내면세계에 고립되어 있었던 것 같다. 혼자만의 시간이 편했고 그런 시간엔 책에 파묻혀 지냈다. 책의 스토리와 주인공에 몰입되어 공상이나 상념에 빠져 있었고 그것을 노트에 끄적이는 습관이 생겼었다. 말이 없어지고 친구들에게 닫힌 마음으로 대했던 듯싶다. 선후가 모호하지만, 결과론적으로 소통하지 않아 정서적 유대감이 단절되고 말았던 것이다.

그날 문경새재에서의 극적인 해후는 진한 여운으로 남았다. 이듬해 가을에 서울에서 치른 우리 집 딸아이 결혼식에 친구들이 고마운 발걸음을 해 주었다. 두 해 지나 가을에는 친구 S의 딸 결혼식이 전주에서 있었고, 그다음 해 봄에는 친구 J의 아들이 대전에서 결혼식을 올렸다. 우리는 한달음에 달려가 경사를 축하하고 처음 보는 알토란 같은 자식들의 앞날을 축복해 주었다.

사람과 사람이 소원해지는 것도, 가까워지는 것도 마음에 달렸다. 이젠 문명의 이기를 통해 마음을 나누고 있다. 멀리 떨어져 있어 물리적 거리로는 자주 만나지 못하더라도, 서로의 마음에 자주 찾아들어 평생친구로서 아름답게 교감하기를 바랄 뿐이다. 기껏 몇 줄의 짧은 안부이거나 그마저도 뜸할 때가 있지만 의심하지 않는다. 별이 보이지 않더라도 항상 같은 자리에서 빛나고 있듯이.

법정 스님의 산문집 『오두막 편지』에는 이런 글이 있다. "좋은 친구를 만나려면 먼저 나 자신이 좋은 친구감이 되어야 한다. 왜냐하면 친구란 내 부름에 대한 응답이기 때문이다."

좋은 친구감이 되고자 자신을 다스리는 일에 게을리하지 말아야겠다. 혹여 기억의 오류를 범하지 않도록 견고하고 유연하게 관계를 지켜 나가야 할 터이다. 서로에게 소홀하지 않으면서 의도적으로 애쓰지 않아도 되는 편안한 우리 사이가 좋다. 친구들과 다시 공고한 관계가 구축되었다는 사실에 내가 안도감을 느끼고 있다는 건, 그녀들에게 비밀이다.

2시간 40분

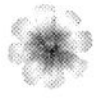

열차가 움직이기 시작한다. 차창의 차양 아래로 비스듬히 굴절된 볕이 들어와 앉는다. 블록처럼 서 있는 건물들이 미끄러지듯 시야에서 멀어진다. 도시를 벗어나자 겨울이 제 본색을 드러낸다. 텅 빈 들녘과 암울한 산색, 앙상한 나목들이 교차하면서 사라진다.

계절은 저마다 특유의 정취가 있다. 개화와 약동의 봄, 신록과 역동의 여름, 풍요와 조락의 가을, 겨울 또한 황량하고 고적한 풍경에서 서정과 낭만이 느껴진다. 무게를 다 내려놓은 무소유의 자연이 편안해 보인다. 맨몸이 된 대지는 생명력을 잃은 듯 보이지만 옅은 숨을 쉬며 새봄을 기다리고 있으리라.

열차는 호흡을 높이며 질주한다. 밖은 정지된 풍경이 마치 움직이듯 음률처럼 흐르고, 쾌속으로 이동하는 열차 안은 정해진 시간의 굴레에 발목이 잡혀 있다. 내 옆자리에는 20대로 보이는 예쁘장한 아가씨가 앉아 있다. 이어폰을 꽂고 휴대폰을 들여다보고 있다. 팔이 닿다시피 나란히 앉은 나를 전혀 의식하지 않는다. 투명인간이 된 기분이다. 난 눈치를 살피다 계면쩍어 창밖으로 시선을 돌린다.

우리 아파트 앞집 학생과 옆집 청년도 엘리베이터 앞에서 만나면 멀찍이 서 있다가 타거나 냉큼 계단 쪽으로 가버린다. 이사 오고 한동안은 내가 먼저 알은체를 했는데 그들은 인사는커녕 맞닥뜨리는 게 싫은 기색이다. 인사말을 건네면 눈도 맞추지 않고 응대하기 귀찮다는 듯 뚱한 태도를 보인다. 우린 그렇게 근린 의식은 소멸되고 경계하거나 거의 접촉이 없는 고립된 이웃지간이 되어 가고 있다. 그들이 나타낸 무언의 의사를 존중하여 나도 이젠 소닭 보듯 무심한 척한다. 마음이 편치 않다.

모르는 타인에게 말을 건네는 건 실없는 사람으로 취급받을 수 있는 현실이 되었다. 인정이 사멸되어 버린 시대다. 침묵해야 하고 침묵을 견뎌야 하고 침묵의 소리를 알아들어야 하는 시대를 살고 있다. 어느 심리학자는 타인과 나누는 아주 작은 대화가 사라지지 않아야 인간의 사회적 고립을 막을 수 있다고 했는데….

얼마 전 TV 프로그램에 게스트로 나온 남자 연예인이 종일 말 한마디 안 할 때가 있다고 토로했다. 그러면서 며칠 전 아는 형한테 전화했더니 그도 이틀 동안 말 거는 사람이 없어 목이 잠겼다며 겨우 답을 하더라는 것이다. 요즘은 배달 음식마저 앱으로 주문하고 카페나 식당, 대형마트나 전시장에 가도 키오스크가 직원 역할을 대신하기 때문에 말할 기회가 점차 없어지는 세태를 살고 있다.

젊은이들의 태도가 이해되지 않는 건 아니다. 남에게 관심을 두지 않으려는 그들의 사고방식이 꼭 이기적이거나 배타적이라고 할 수는 없다. 긍정적으로 해석하면 타인의 정서와 사생활을 침해하지 않으려는 일종의 배려일 수도 있다. 우리 집 딸아이도 서울에서 부산까지 일 년에 몇 차례 열차를 이용해 오가는데 비슷한 모습일지 모른다. 세상이 흉흉하고 불신이 팽배하다 보니, 오히려 베풂이 오해를 살 수도 있다. 세대 간에 느끼는 사고의 변화도 변화려니와 사회적 풍토가 부정적인 측면이 더 강해진 이유이기도 하다.

지금 나는 딸에게 가고 있다. 조금 경직됐던 감정이 다시 누긋해진다. 가만히 앉아 있기가 어색하여 좌석에 꽂혀 있는 코레일 잡지를 훑어본다. 집을 나설 때 책을 한 권 챙겼다가 짐이 무거워 덜어냈는데 아쉽다. 열차 안에서는 와이파이도 원활하지 않고 이어폰으로 음악 듣는 것도 순조롭지가 않다. 산을 뚫은 터널이 수없이 이어지기 때문이다. 국토의 70%가 산지인 우리나라 지형을 실감하게 된다. 서울 부산 간 소요시간이 획기적으로 단축되었지만 그래도 2시간 40분이다. 한자리에 꼼짝없이 앉아 있어야 하는 건 자못 갑갑하고 권태롭다.

먼 산에 시선을 두고 상념에 젖는다. 고속열차가 내달리듯 또 한 해가 광속으로 흘렀다. 세월의 속성이 순식간에 멀어지는 차창 밖 풍경과 같다. 12월 끝자락, 묵은해가 감나무 까치밥처럼 달랑 며칠을 남겨 두고 있다. 신록을 잃은 나무처럼 마음 헐벗고 겸허해지는 세밑이다. 젖은 볏짚 태우듯 꾸역꾸역 매운 연기만 피우며, 구차한 핑계를 당당한 이유로 삼으며 살았는지 모르겠다. 무의미하게 살고 있다는 생각, 말하자면 심리적 공황상태에 빠져드는 이즈음이다.

한 해 동안의 행로를 더듬어 본다. 어떤 일은 선명하게 기억되고 어떤 일은 희미하게 얼비친다. 하나둘 머릿속에서 너울지며 여러 감정이 교차한다. 좋은 사람들과의 관계가 한층 돈독해지기도 했고, 인간관계에서 빚어지는 사소한 감정들이 일상의 피로를 더해 주기도 했다. '나는 늘 나 때문에 내가 가장 아프단다'라는 유안진의 시구를 떠올리며 나를 피폐하게 했던 과민한 천성을 구박하고 동정해 본다.

결과보다 과정이 중요하다는 말은 한 해를 갈무리하는 시점에서 스스로를 위로하기에 알맞은 말인 듯싶다. 작심했던 일을 다 이루지 못했더라도, 마음을 다하고 성실하게 임했다면 자신을 다독이는 격려가 필요하다. 지뢰밭 같은 세상을 조심조심 디디며 잘 건너가고 있는 것만으로도 장하고 감사한 일이다.

겨울바람을 가르며 달려온 열차가 종착역인 서울역으로 들어서고 있다. 열차가 목적지를 향해 정해진 레일을 똑바로 달리듯, 새해에도 올차게 걸어가야겠다. 자명한 것은, 열차는 레일 위를 되풀이하여 왕복하지만 인생은 단 한 번의 편도일 뿐이라는 사실. 이 허무마저 극복해야 한다. 그러기에 사랑하며, 열망하며, 조화롭게 살아가려고 다짐을 거듭한다.

2시간 40분이라는 시간에서 해방된 사람들이 대합실로 쏟아져 들어와 흩어진다. 마중 나온 딸아이가 상기된 얼굴로 나를 향해 손을 흔들고 있다. 겨울이 봄인 양 따사롭다. 마음의 온도가 올라간 때문일까. 그나저나 투명인간론에 대해 딸과 얘기를 나눠봐야겠다. 이웃집 젊은이들에게 줄곧 무관심으로 대해야 할지, 좀 더 친화력을 보여 분위기를 전환해야 할지, 같은 세대의 생각을 듣고 싶다.

실수

친구들을 만나는 날이다. 그들과는 격월로 모임을 이어오고 있다. 살면서 많은 사람들과 새롭게 친분을 쌓기도 하지만, 성장기에 생활환경을 공유했던 옛 친구들에게는 뭉근한 온기와 해묵은 향이 있다. 도돌이표 같은 이야기를 백만 번 들어도 싫거나 지루하지 않은 대상이 오랜 친구들이다.

토요일 저녁, 단골 식당에 도착했다. 이전에는 식당 의

자가 좌식이었는데 지금은 전부 입식으로 바뀌어 있다. 다른 식당도 대부분 입식이다. 고령화 사회인 만큼, 젊은 이들이 드나드는 일부 식당을 제외하고는 나이 지긋한 손님들이 대다수를 차지한다. 그들의 편의를 위하고 불황 타개의 자구책으로, 경쟁하듯 입식으로 개조하는 듯싶다. 손님 입장에서는 신을 벗지 않는 편리함도 꼽을 수 있다. 허리 굽혀 신발을 집어 신발장에 얹어야 하는 번거로움을 덜고, 분실을 우려하지 않아도 된다.

몇 해 전만 하더라도 식당에 가면 낮은 탁자와 바닥에 앉는 것을 선호했다. 마룻바닥이나 장판방에 방석을 깔고 앉거나 앉은뱅이 의자에 앉으면 편안했다. 바닥은 여름에는 서늘하고 겨울엔 보일러가 들어와 따뜻했다. 탁자 아래로 두 다리를 뻗치면 옷자락이 닿는 정감 있는 분위기도 좋았다. 그때만 해도 보다 젊고 건강한 중년이었다. 이제는 바닥에 앉았다 일어날 때면 여기저기서 무릎을 짚으며 "아이고" 하는 신음 소리를 뱉어 낸다. 여러 통증이 몸 안에 둥지를 틀고 공생하는 나이가 되었다.

십 대에 만났던 친구들이 이젠 육십 대에 접어들었다. 관심사와 얘깃거리가 나이에 따라 변하는데 요즘은 건강을 화두로 삼는 일이 많아진다. 나도 근래에 주의력과 기억력이 급격히 떨어졌다는 말을 보태며 공감 대열에 합류했다. 지난겨울에 겪었던 일화는 물론 발설하지 않았다. 신발에 얽힌, 정확히 말하면 신발을 벗는 식당에서 빚어진 해프닝이다.

집 현관을 닦으며 벗어 놓은 신발 정리를 했다. 부츠 두 짝을 들었다 놓으며 무언가 이상한 느낌이 들었다. 자세히 보니 내 신발이 아니었다. 이게 대체 무슨 일이람! 왜 내 집에 알지 못하는 남의 신발이 떡하니 들어와 있는지 황당했다. 가까운 날의 행보를 되짚어 보았다. 사흘 전 식당에 갔을 때 바뀌었을 게 분명했다.

지인과 부산문화회관에 연주회를 보러 갔었다. 공연 시간이 오후 7시라 1시간 전에 인근 식당에서 만나 저녁을 먹기로 했다. 식당 내부는 넓었지만 빈자리가 거의 없을 정도로 손님이 북적였다. 빼곡한 신발장 한편에 부츠를 밀어 넣었다. 위에서 세 번째 칸 왼쪽, 위치를 대충 인지하며 안으로 들어갔다. 지인과 정담을 나누며 식사를 하다 보니 공연 시간이 임박해 왔다. 조금은 어둑한 출입문 신발장 앞에는 들어오거나 나가는 사람들이 몇몇 서성였다. 선반에서 내 것을 꺼내어 신었다. 검은색 발목까지 덮는 앵클부츠에다 디자인도 눈에 익고 가죽의 낡은 정도까지 한 점 의심 없이 내 것으로 느껴졌다. 무엇보다 내 발에 꼭 맞았다.

연주회를 관람하고 귀가한 후 현관에 가지런히 벗어 두었다. 마침 주말을 지나며 간편한 슬립온을 신고 외출했던 터라 한쪽 구석에 둔 부츠에는 눈길을 주지 않았다.

아뿔싸! 정신이 아뜩했다. 당장 인터넷으로 식당을 검색하여 연락을 취했다. 그렇지 않아도 어떤 분이 신발이 없어졌다며 옆에 놓인 비슷한 것을 식당 손님들에게 확인시킨 뒤 신고 갔다는 것이다. 연락처를 적어 놓았다며 가르쳐 주었다. 전화 신호음이 가는 짧은 순간에도 상대의 착오가 나보다 먼저일 수도 있다는 일말의 기대와 의혹을

품었지만 나의 소행이라는 사실이 명백해졌다.

긴장한 손으로 도난(?)을 당한 그녀에게 전화를 걸었다. 비슷한 연령대로 느껴지는 목소리는 예상 외로 담담하게 응답해 주었다. 정중하게 사과하며 거주하는 곳까지 가겠다고 말했다. 굵고 맛 좋은 사과 여남은 개와 롤케이크를 사 들고 내가 사는 사하구에서 동래구 모 아파트로 찾아갔다. 그녀는 아파트 정문 앞에서 본인이라며 목례를 할 뿐 별다른 감정 없이 대했다. 나는 본의 아니게 폐를 끼쳐 정말 죄송하다며 거듭 고개 숙여 인사를 했다.

그녀의 무덤덤한 표정이 사흘 동안 스트레스를 받았다는 무언의 항변인지, 크게 개의치 않는다는 의미인지 알 수 없었지만 연락처를 남기고 기다려 준 마음씨가 고마웠다. 이삼일 지나도 연락이 없으면 다분히 고의적이라 생각하든지 바꾸려는 의사가 없는 걸로 판단하여 남이 신던 신발 따위 내다 버릴 수도 있는 일이다. 그러지 않은 것은 인간적인 호의와 배려인 것이다.

돌아온 부츠, 가만히 쓰다듬었다. 신발장에서 정든 저

를 외면하고 옆에 있던 남의 부츠를 데리고 가는 주인에게 소리 없는 아우성을 쳤을 것이다. 주인의 난데없는 행동에 적잖이 당혹스러웠을 것이다. 모르는 여성의 발을 감싸고 낯선 집으로 들어갔을 때 무척이나 낙담했을 테지. 아니, 콩인지 보리인지 구별하지 못하는 주인을 정신 차리게 할 절호의 기회라고 여겼을지도.

흙먼지가 묻어 있고 긁히고 해진 한 켤레 신발에는 누군가의 고단한 발걸음과 체취가 배어 있다. 신발은 발을 보호하고 걸음을 지탱하며, 질기고 강인한 습성으로 온갖 험한 길을 마다하지 않고 헌신한다. 주인의 삶을 이끌어 가는 데에 언제라도 순응하며 소명을 다한다. 나와 걸음걸음 희비애락을 함께한 신발들, 그래서 분신과 같은 그것을 쉽게 버리지 못한다.

식당에서나 어느 곳에서 신발을 또 벗어야 하는 때가 있을 것이다. 만일에 벗어 놓은 신발을 누가 가져간대도 상심한 가운데 한 가닥 위안이 있다. 맨발로 걸어온 사람은 없으니 반드시 내가 신고 갈 신발 한 켤레가 남아 있다는 것. 나와 친구들이 나이가 들어도 발에 꼭 맞는 제 신발을 신고 함께 걸어가는 걸음 속에서 건강한 삶이 이어지기를 염원한다. 그리고 바라건대, 이 세상에 불의의 사고로 혹은 생의 벼랑 끝으로 내몰린 사람들이 신발을 꽃잎같이 벗어 두고 맨발로 가는 일이 없기를….

결혼이라는 명제

'미로찾기' 게임이 있다. 시작점을 출발하여 복잡다단한 길을 따라가다 도착점으로 빠져나오는 게임이다. 미로는 사람들이 길을 잃고 쉽게 헤어나지 못하도록 만들어진 길이다. 출구를 찾지 못해 허둥지둥 헤매다가 중도 포기하거나 만신창이가 되어 가까스로 빠져나오기도 한다. 심리적으로 긴장과 압박이 만만치 않은 게임이다.

인생은 고난이도의 '미로찾기'다. 애초부터 들어서지 말아야 할 길과 미련을 접고 다른 방향으로 틀어야 할 길을 잘 판단해야 한다. 무조건 내달리기보다는 주변을 살피며 완급을 조절해야 한다. 쉼 없이 걷고 뛰어도 헛걸음치거나 제자리걸음이어서 자괴감에 빠질 때가 많다. 삶은 사방에 함정이 도사리고 있는 미로와 같다. 늪인지 낙원인지 알 수 없는 미로 중의 하나가 결혼이다.

결혼하기 딱 좋은 11월이다. 여기저기에서 청첩장이 날아든다. 우리 세대의 성혼이 엊그제 일 같은데 이제는 2세대 혼인 소식이 잇따르고 있다. 세월 참 무섭다. 특별한 날 겪은 일은 평생을 두고 잊어지지 않는다. 겁퍼슨의 법칙 이런가. 일어나지 말았으면 하는 일일수록 잘 일어난다더니, 내 결혼식에도 웃지 못할 에피소드가 있다.

그해 그날은 대길일이라고 하여 결혼식이 러시를 이루었다. 웨딩드레스를 발 빠르게 예약하지 못했던 나는 가장 비싸고 디자인이 요란스러운 드레스를 울며 겨자 먹기로 입을 수밖에 없었다. 깡말랐던 팔에 밀착되지 않고 헐렁한 웨딩토시, 과한 올림머리와 촌스러운 신부화장, 전날 피부 마사지를 받고 화장독이 올라 버린 얼굴, 불운은 물수제비 튀기듯 연속으로 꼬리에 꼬리를 물었다.

설상가상, 폐백을 올리려고 한복으로 갈아입는데 꽃신이 없었다. 챙길 것이 많다 보니 빠뜨렸던 모양이다. 언니가 다급히 친지 중에 코고무신 신은 사람을 찾아내어 빌려서 뛰어왔다. 예쁜 새 꽃신 대신 헌 고무신을 신었다. 그날 찍은 사진에는, 가장 화사하고 가장 행복해야 할 신부의 얼굴은 찾을 길 없고, 언짢아서 뾰로통한 내 표정이 담겨 있다. 처음부터 삐걱거리는 조짐이 소설의 복선처럼 내 인생의 파란을 예고하는 건 아닌지, 일말의 불안이 없지 않았지만 여태까지는 그럭저럭 순항 중이다. 늘 맑은 날만은 아니었다. 비바람도 불었다.

결혼. 자신의 인생을 스케치해 볼 나이가 되면 고민하게 되는 인류 보편적 관심사다. 그래서 결혼에 대한 인식이나 가치관도 다양하고 분분하다. 추상적인 관념에 절대적인 정의를 내린다는 것은 그 자체로 모순인지도 모르겠다. 결혼생활의 득과 실, 순기능과 역기능을 흑백논리나

이분법적 사고로 판단해서는 안 될 일이다. 흔히 회자되는 말로 '결혼은 해도 후회, 안 해도 후회'라고 한다. 여기에는 이왕이면 해 보고 후회하는 게 낫지 않겠는가 하는 얼마간의 긍정이 내포되어 있다. 반대로 부정적이거나 비관적인 말도 많다.

'결혼은, 미친 짓이다'라는 이만교의 소설을 원작으로 한 영화가 있다. 소설과 영화가 화제를 모으면서 미친 짓이라는 명제는 결혼을 들먹일 때 빠지지 않고 등장하는 문구가 되었다. 영화 속에서, 연애와 결혼은 별개라는 생각을 가진 여주인공은 남주인공과 자유분방한 연애를 하면서도 결혼은 조건 좋은 남자와 하려고 맞선을 보며 상대를 고른다. 남주인공은 연애는 하되 결혼은 회피하는, 결혼의 실상에 거부감을 가지고 있다. 조건만 맞으면 어떤 남자와도 결혼 가능성을 열어 둔 그녀, 자유방임적 태도로 어떤 여자와의 결혼 가능성도 배제하고 있는 그, 이들의 이중생활과 결별을 보면서 피상적 사랑과 본질적 사랑의 간극을 느끼게 된다. 가장 순수해야 할 결혼마저 물질에 물들고 욕망과 위선으로 점철된 사랑, 현대인의 단면을 엿보게 한다.

'결혼은 무덤이다', '결혼은 현실이다' 이 말은 훨씬 무겁고 복잡하게 다가온다. 누군가에게 결혼이란 자신의 인생이 끝나고 죽음 같은 결혼생활이 도래한다는 극단적인 비유라 할 수 있다. 그리고 근래에 늘어나는 추세인 비혼 문제의 근원적인 요인을 대변하고 있다. 인간의 삶에 있어 사랑과 결혼이 불필요해서가 아니라, 그것으로 인해 빚어지는 갈등과 감정적 소모가 더 크기 때문이다. 가정을 형성함으로써 갖게 되는 행복보다 경제적 사회적 책임이 큰 부담으로 작용하기 때문이리라.

좌충우돌 신고식을 치를지라도, 결혼은 한바탕 축제다. 살다 보면 축제가 전쟁으로 돌변하고 희극이 비극으로 반전하기도 한다. 말이 향기가 될 때가 있고, 침묵의 담금질이 외려 빛을 발할 때가 있다. 아는 게 힘, 모르는 게 약이 되기도 한다. 탄탄대로였다가 경사로를 만나기도 하고, 굽은 길 끝에 곧은길이 나오기도 한다. 길 위에서 길을 잃었을 때, 어두운 터널을 지날 때, 의지할 한 줄기 불빛이 있다면 그건 서로를 동반자로 여기는 것이다.

묻고 답하며 서른 고개를 넘어서니 '결혼'이라는 작품은 '수용'이라는 소통 과정을 통해 만들어 나가고 완성시킬 수 있다는 것을 깨닫는다. 누군가를 사랑한다는 건 그 사람의 삶 속으로, 삶의 미로 속으로 들어가는 일이다. 결혼으로 파생되는 수많은 굴레를 즐거이, 기꺼이 끌어안으며 사는 것이 결혼, 그 미로의 진실이 아닐까. 모름지기 결혼이라는 명제가 언제나 참이기를 희망한다.

아름다운 시절에 발걸음을 시작한 주인공들의 '미로찾기'가 해피엔딩이길 축복하며 벤저민 프랭클린의 한 줄 금언을 들려주고 싶다.

"결혼 전에는 눈을 크게 뜨고, 결혼 후에는 눈을 반쯤 감아라."

여름, 콤플렉스

누구는 계절 중에 여름이 가장 좋다고 한다. 미지근한 건 싫다고, 작열하는 태양과 폭염에 쾌감마저 느낀다고 한다. 여름처럼 젊은 사람이다. 난 여름이 두렵다. 여름밤의 반짝이는 별무리, 시원한 물놀이, 즐거운 바캉스와 노천카페의 낭만, 이런 달가운 특전은 안중에 들어오지 않고 머릿속에 반사적으로 연상되는 달갑지 않은 이유들만 나열된다.

하나는 땀이다. 더위가 시작되면 표피 밖으로 비집고 나오는 땀 때문에 곤혹스러운 경우를 종종 겪게 된다. 나는 다른 건 몰라도 땀샘의 기능만큼은 본의 아니게 탁월하게 발달되어 있다. 한의학적으로 접근하면 몸이 허하고 심장과 폐의 기운이 약해 땀을 제대로 수렴하지 못하기 때문이고, 양의학적으로 접근하면 갑상선이나 심장 기능 저하, 당뇨 같은 질환을 의심할 수 있다. 이쯤이면 땀은 건강의 이상 증후여서 예사롭게 여길 일이 아닌 듯싶다. 내가 땀이 많은 것을 부러워하며, 운동할 때 땀 한번 개운하게 흘려 봤으면 좋겠다는 지인도 있다. 그 불편함과 민망함을 모르는 말씀이다. 심혈을 기울인 분단장이 땀에 얼룩지고, 뽀송했던 옷차림이 여우비라도 뿌리고 간 듯 젖어 버리면 한마디로 스타일 무너진다. 품위 유지에 타격을 입을 뿐 아니라 적잖은 스트레스와 콤플렉스를 동반한다.

또 하나는 습기다. 유월 하순이면 영락없이 쳐들어오는 장마, 제습기를 돌리고 옷가지들을 거풍시켜도 곰팡이가 피고 쾨쾨한 냄새가 난다. 빨래도 이삼 일만 미뤄 두면 곰

팡이가 냉큼 서식지로 삼아 버린다. 피부도 마찬가지다. 세균 번식이 용이하기 때문에 뾰루지나 땀띠 등 트러블이 유발되기 쉽다. 민감한 피부는 건조하거나 습한 환경에서 알레르기 반응을 보인다. 근질거려서 잠을 못 이루는 건지, 잠을 못 이루니 예민해져 근질거리는 건지, 전후는 애매하지만 습기와 불면과 알레르기가 인과관계가 있음은 확실하다. 게다가 습기는 식생활에도 지장을 준다. 과자나 튀김류, 김 같은 마른반찬은 누글누글해져서 맛과 식감이 떨어진다.

다음은 모기다. 오롯이 기생만 하는 유해무익한 곤충이다. 모기의 사전에 인간과의 공생관계란 없다. 뇌염, 말라리아, 뎅그열 등 심각한 전염병을 옮기는 매개체이다. 강한 번식력으로 워낙 개체수가 많아 인해전술에서는 인간이 불리할 수밖에 없다. 가려움증도 참기 힘들지만, 귓가에서 앵앵거리는 모기 소리 때문에 밤잠을 설치기 일쑤다. 그때마다 한바탕 소동이 벌어진다. 추격자는 긴장의 촉수를 세우고 신경전과 육탄전을 번갈아 펼치지만, 모기란 족

속은 잠복능력과 비행능력이 비상하여 결국 헌혈을 감수하고 백기를 들 때가 다반사다. 흡혈 습성은 암컷이라고 하는데, 암컷은 본능적으로 암컷을 시기하는지 여자인 나를 거침없이 공격해 댄다. 다양한 모기 기피제로 방어해 보지만 역부족이다. 꽤나 독종한테 물리면 삽시에 달걀만 한 혹이 솟아오르기도 한다. 큰아이가 유치원 다닐 때 야외 체험활동을 갔다가 눈 주위를 된통 물려, KO패 당한 권투선수의 얼굴처럼 띵띵 부어오른 채 단체사진을 찍어야 했다. 백설 공주를 피오나 공주로 만들어 놓다니! 그 사진을 보면 모기를 향한 분노가 한겨울에도 치밀어 오른다.

모기와 더불어 잠 못 들게 하는 주범이 열대야다. 낮에 달아오른 지표면과 대기가 열을 방출하지 못하고, 밤에도 기온이 25도 이상 지속되는 현상이다. 밤마다 부교감신경이 우위를 점해 마음이 평온해지길 기다려 보지만, 침상은 여름내 표류하는 난파선이다. 열대야를 숙주로 삼은 불면이 능동적인 일상을 모래성처럼 무너뜨린다. 숙면을 취하지 못해 기력이 없고 생활리듬이 깨지고 만다. 열대야에

장기간 시달리면 혈압과 심장, 호흡기에 악영향을 준다니 미래까지 걱정해야 할 판이다. 낮에는 수면에 도움을 주는 채소와 과일을 충분히 섭취하고 저녁에는 가볍게 걷기 운동을 하거나 자기 전에 조용한 음악을 듣는 등 효과적인 대처법을 모색하고 실천하는 중이다. 어쩔 도리 없이 에어컨을 철야 작업시키는 날도 왕왕 있다.

마지막으로 발 때문이다. 여름이면 기죽는 내 신체 부위다. 공자는 '부모에게서 물려받은 몸을 함부로 손상시키지 않는 것이 효의 시작'이라고 가르쳤다. 나는 내 두 발을 망가뜨린 불효를 범했다. 내 신발 치수는 245밀리인데 앞코가 뾰족한 구두는 한 치수 큰 게 편했기 때문에 250을 넘나드는 당시로선 큼직한, 아니 끔찍한 치수를 자랑했다. 발 작은 여자가 부러웠다. 여성의 발을 묶어 성장하지 못하도록 한 중국의 전족 풍습처럼 나도 물리적 방법으로 발을 고문했다. 내 치수보다 작은 구두에 발을 욱여넣어, 발가락이 꼬부라지고 마디마디 팥알만 한 굳은살이 박이게 되었다. 세간에 화제가 됐던 발레리나 강수진의 흉한 발은 깊은 감동을 주지만, 내 발은 그저 밉다고 타박한 결과물일 뿐이다. 그 발을 고스란히 드러내는 때가 여름이다. 시원하게 발가락을 노출한 샌들을 결코 신을 수 없는 비애, 이야말로 여름이 달갑지 않은 명백한 이유다.

현대는 과학의 발달로 난제의 자연 현상이나 외적 요인에도 잘 대처하며 극복하고 있다. 에어컨, 제습기 등 문명의 이기를 통해 실생활이 상당히 쾌적해졌다고 하지만 자연의 섭리 앞에서 인간은 한없이 미약하여 언제 어떻게 만신창이가 될지 알 수 없다. 삶은 타협의 연속이라지만 감히 순환하는 계절에 맞서 무어라 말하랴. 한 뼘 그늘이, 한 줄기 바람이 고맙고 소중한지를 절감하며 겸허한 마음으로 감내하자는 각오다. 그렇다, 나에게 여름이란 결연한 각오를 요하는 계절이다.

마지막 잎새를 그리는 사람

세상은 고요히 잠들어 있다. 나는 컴퓨터 자판을 두드리며 침묵을 깨고 있다. 잠시 손을 놓고 창문을 연다. 싸늘한 밤공기가 살갗을 파고든다. 어두운 하늘을 응시한 채 서늘한 감정 속으로 침잠한다. 먼 하늘 아래 불 꺼진 나지막한 집 한 채 가슴에 들어앉는다. 노쇠한 어머니의 쓸쓸한 뒤척임이 보이고 옅은 한숨이 들리는 듯하다. 당장 전화를 걸면 몇 번 신호음이 울리고 수화기 너머에서 어머니의 목소리가 들려올 것 같다. 떠난 연인을 잊지 못해 자꾸만 전화기를 만지작거리듯, 불현듯 전화를 걸고 싶은 충동에 휩싸인다.

이제 시골집에 어머니는 더 이상 계시지 않는다. 집채는 덩그러니 남아 있지만 마음속 집은 무너지고 없다. 올 설에는 코로나니 뭐니 여차하여 친정 식구들이 한데 모이지를 못했다. 다 모이면 형제가 많아 북적북적 시골집이 비좁았고, 이야기꽃을 피우느라 희붐하게 새벽빛이 스며들 즘에야 잠자리에 들곤 했다. 어머니가 떠나시고 나니 형제간의 만남도 이전보다 뜸해지고 끈끈하던 가족애도 왠지 시들해지는 듯싶다. 사람만 떠나는 게 아니라 그로 인해 하나로 엮여 있던 연결고리가 느슨해지거나 끊어질 수도 있다는 걸 깨닫게 된다. 가족이라는 동아줄을 더 단단하고 팽팽하게 지탱하기 위해서는 자주 만나는 도리밖에 없다. 간직한 기억마저 잊힐까 봐 각인하듯 무시로 어머니를 떠올려 본다. 꿈같은 아득한 기억 속으로 달려간다.

어머니를 뵈러 갈 때마다, 출발도 하기 전에 마음은 벌써 대동나들목을 빠져나가고 있었다. 답답한 도시를 벗어나 고향으로 내달릴 때면 차창 틈으로 비집고 들어오는 흙냄새, 풀냄새, 갈아엎은 밭이랑에서 풍겨 오는 두엄 냄새마저 구수하게 느껴졌다. 그득한 들녘은 내 것이 아니어도 기분이 충만해졌고, 텅 빈 들녘은 내년의 풍요를 꿈꿀 수 있으니 그것대로 좋았다. 잔설 덮인 황량한 겨울 산을 바라보며, 짙푸른 여름 산등성이를 훑으며, 봄날엔 사과꽃, 복사꽃 화사한 산모롱이를 돌아, 그리고 가을 산색을 감상하며 바람처럼 달려갔었다. 차가 달리는 속도를 훌쩍 앞질러 가던 달뜬 마음.

드르륵 미닫이문을 열고 들어서며 외친다.

"엄마, 저희 왔어요."

"어이구나, 이제들 오나. 먼 데서 오느라 고생했네."

편치 않은 몸을 일으켜 반겼다. 아이들의 손을 감싸 쥐고 어깨를 토닥이며 찬찬히 우리 낯빛부터 살폈다. 팔순이 넘은 어머니는 자식들을 측은지심 눈빛으로 살피다가 무탈한 걸 간파하시고는 비로소 안도했다. 찬거리 마련해 간다고 해도, 이미 따뜻한 밥상을 차려 놓았다. 황태찜, 우엉조림, 산나물무침, 올갱이국, 한상 그득했다. 돌아올 때는 바리바리 정성 보따리를 안겨 주셨다. 신밧드의 보물 상자보다 더 보배로운 것들이 쏟아져 나왔다. 방앗간에서 갓 짠 고소한 참기름과 구수한 들깨가루 냄새가 진동했다.

빈한한 생활에도 더 베풀지 못하는 것을 안타까워했다. 어지간한 불편쯤이야 내색도 하지 않는다. 자식들에게 부담 줄까 봐 늘 시골살이가 좋다고 강조했다.

"난 촌이 좋다. 초가삼간이라도 내 집이 최고지. 이웃 할매들과 이래 지내는 게 좋아."

친정집 작은방은 이웃 할매들의 아지트였다. 매일 어울려 윷놀이를 하고 음식을 나눠 먹고 얘기꽃을 피웠던 놀이터였다. 골절상을 입기 전, 치매를 앓기 전, 평화로웠던 기억의 마지막 즈음이다. 다치고 병상에 몸져누우며 친구도 웃음도 얘기꽃도 아지트도 모두 결별하고 말았다.

몇 년 전에 객지에 있는 딸이 폰으로 영상 하나를 보내왔다. 가족과 함께하는 시간을 더 많이 가져야겠다는 말과 함께. 어느 기업에서 제작한 '당신에게 남은 시간은 그리 많지 않습니다'라는 영상 자료였다. 출연한 30~50대 다양한 나이군의 사람들에게 자가관리 문진표를 통해 묻는다. 그들은 문진표에 자는 시간, 출퇴근 시간, 일하는 시간, TV와 스마트폰 보는 시간, 친구들과 또는 혼자 보내는 시간 등을 작성한다. 진행자는 당신의 인생에서 그 시간들을 빼면, 남은 시간이 '가족과 함께하는' 시간이라고 말한다. 문진표를 작성한 사람들은 고작 6개월, 9개월, 1년 남짓의 많지 않은 시간이 적힌 검진 결과서를 받아든다. 그들은 울먹이며 반성과 다짐을 한다. 화면을 채우는 마지막 글이 깊은 울림을 준다.

"우리는 함께하는 시간을 미루며 말하곤 합니다. 다음에 잘하면 된다고. 하지만 다음으로 미루기엔 남은 시간이 생각보다 많지 않습니다."

딸은 부모인 나와 남편을 생각하며 영상을 보냈지만, 나는 그것을 보며 앞으로 어머니와 함께하는 날은 며칠이나 주어질까를 생각했었다. 일 년이면 겨우 열흘 정도에 불과했다. 멀다는 이유로 자주 찾아뵙지 못하고, 전화로 안부를 여쭈는 것으로 자식 도리를 다했다고 할 수 있을까. 면목 없고 부끄러울 따름이다. 하루도 빼지 않고 너희들 하나하나 이름을 부르며 기도한다던 말씀. 내가 자식을 낳아 키우며 점점 내면에 차오르던 그것이 어머니의 아가페적인, 무조건적인 사랑을 닮아 가기 시작한다는 것을 알았다.

그렇다. 어머니는 늘 비바람 속에서도 자식들을 위해 마지막 잎새를 그리는 분이다. 당신은 희생을 감내하면서 자식들에게는 삶의 희망을 꼭 붙잡으라고 마지막 잎새를 그린다. 오 헨리의 단편 「마지막 잎새」에는 늙은 화가가 떨어지고 없는 담쟁이넝쿨에 잎 하나를 그려 넣어, 마지막 잎새와 같이 죽을 것이라 믿었던 병든 소녀를 살리고 자신은 찬비를 맞고 폐렴으로 죽어 많은 사람들을 감동시켰다. 이 세상의 어머니들은 매일매일 마지막 잎새를 그리듯, 자식들을 살리는 작은 기적을 만들어 내고 있다.

나는 어머니를 위해 어떤 잎새를 그렸을까. 자식이라는 존재만으로 어머니의 잎새가 되었다고 믿었던 건 아니었을까. 뒤돌아보면 어머니의 일생은, 자식들이 또 누군가에게 '마지막 잎새를 그리는 사람'이 되라고 가르쳐 준 것인데도 나는 깊이 깨닫지 못하고 살아온 것 같다.

누군가 절망의 늪에 빠져 남은 잎새를 세고 있을 때, 마지막 잎새를 그리는 사람으로 살아가고 싶다. 결코 한계 지을 수 없는 어머니의 사랑을 기억하며 알베르 카뮈의 말,

"정의와 나의 어머니 중 하나를 선택해야 한다면 나는 기꺼이 어머니를 택하겠다."

그 가슴 뜨거운 말을 입속으로 되뇌어 본다.

서문희 수필집

바닥짐

초판1쇄 발행 2023년 11월 30일

지은이 서문희

펴낸이 이길안
펴낸곳 세종출판사

주소 부산광역시 중구 흑교로 71번길 12 (보수동2가)
전화 051-463-5898, 253-2213~5
팩스 051-248-4880
전자우편 sjpl5898@daum.net
출판등록 제02-01-96

ISBN 979-11-5979-650-0 03810

정가 15,000원

본 도서는 2023년 부산광역시, 부산문화재단 부산문화예술지원사업으로 지원을 받았습니다.